Animaux Super Fun
Livres pour enfants

Young Scholar

Young Scholar
An imprint of Ciparum LLC

Animaux Super Fun Livres pour enfants
© 2017 Ciparum LLC
All rights reserved.
ISBN-10:1-63589-294-5
ISBN-13:978-1-63589-294-9

www.youngscholar.co

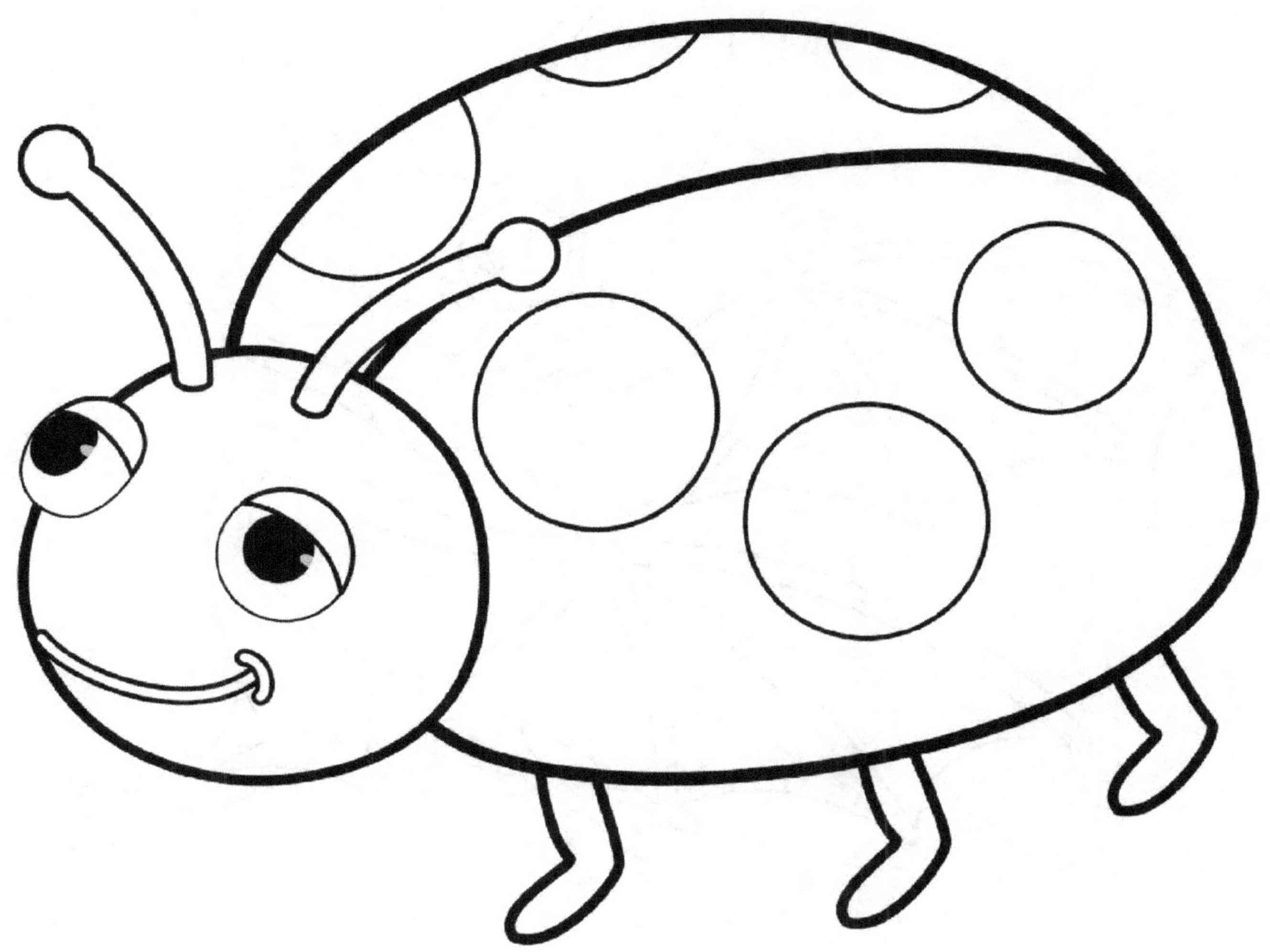

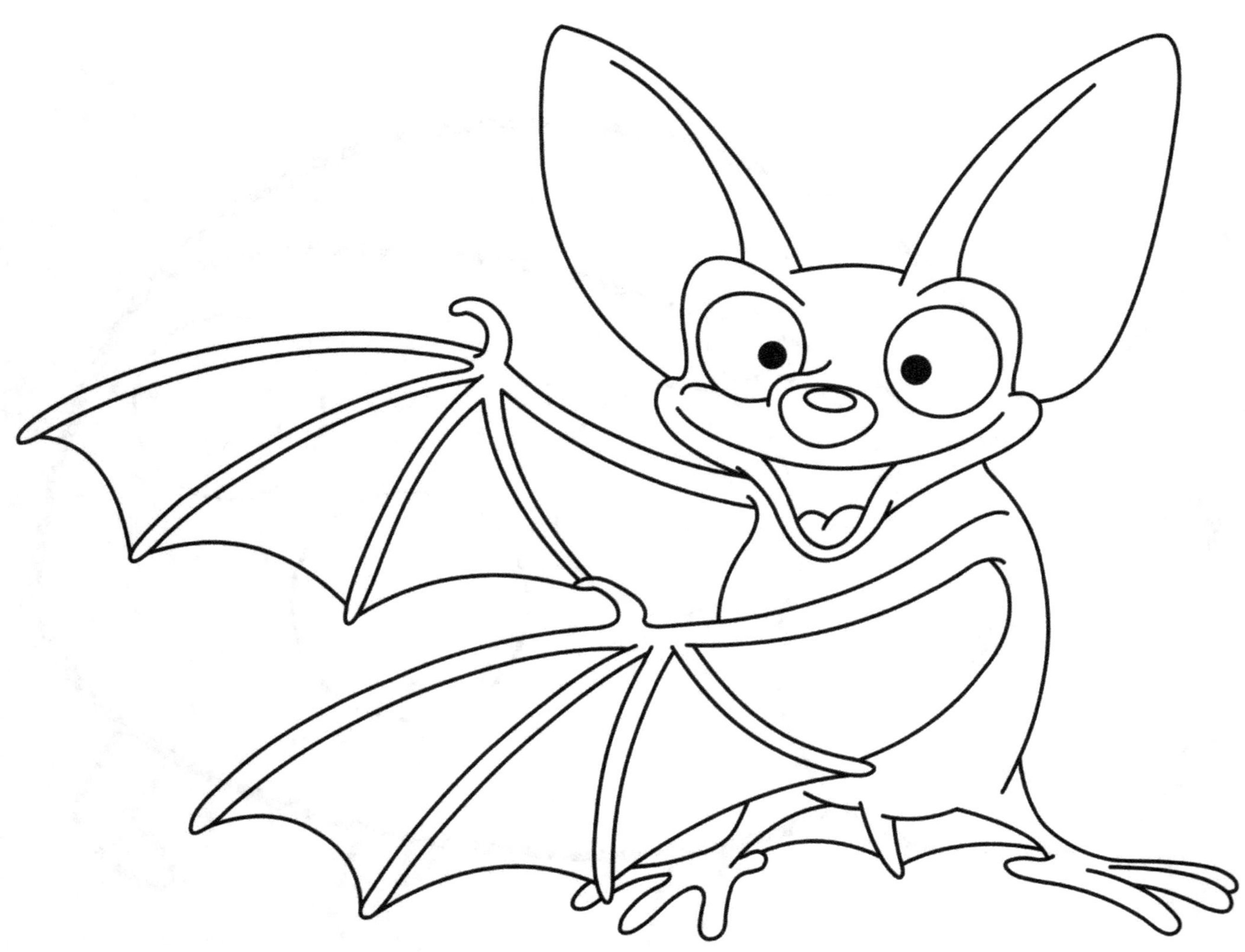

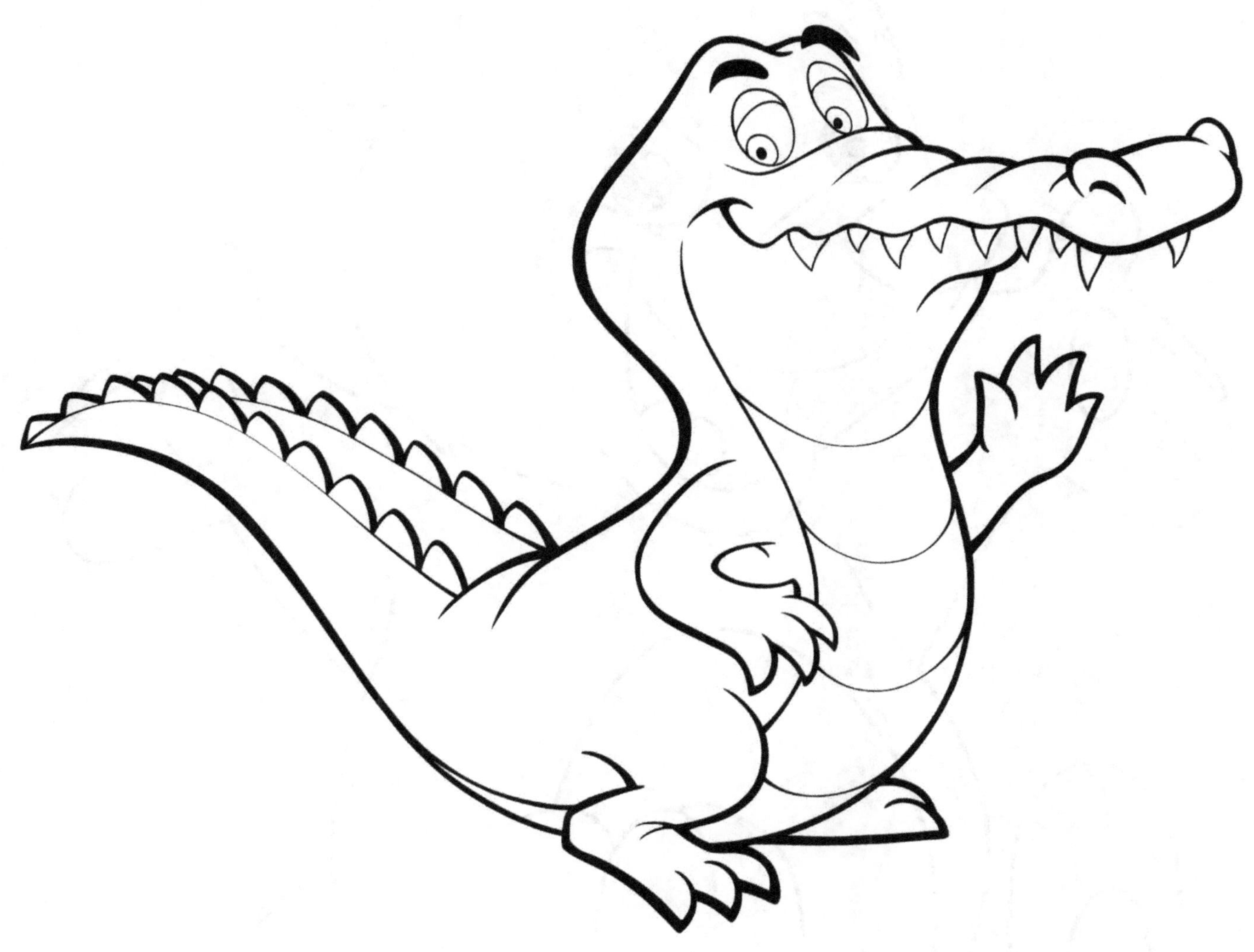

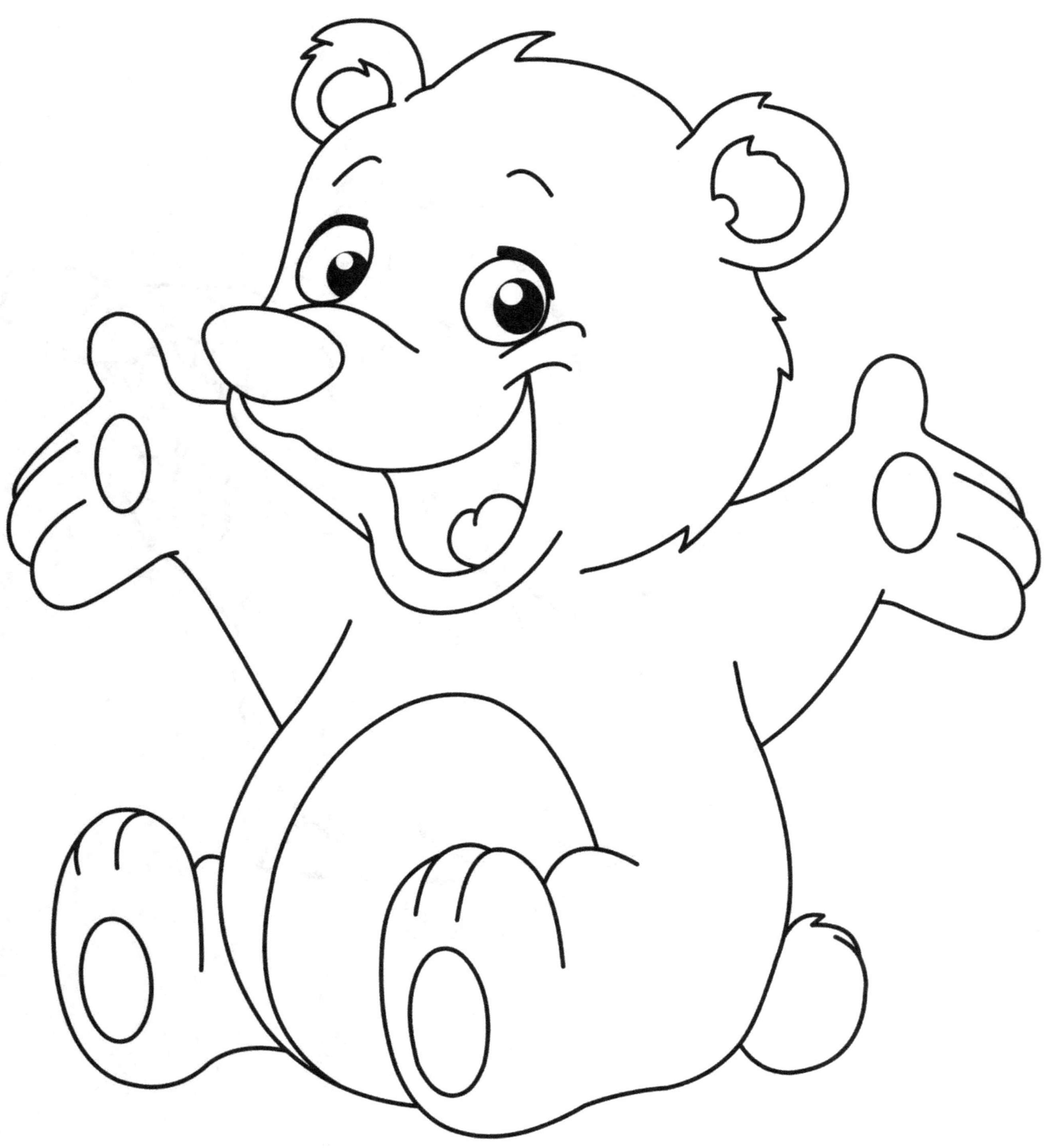

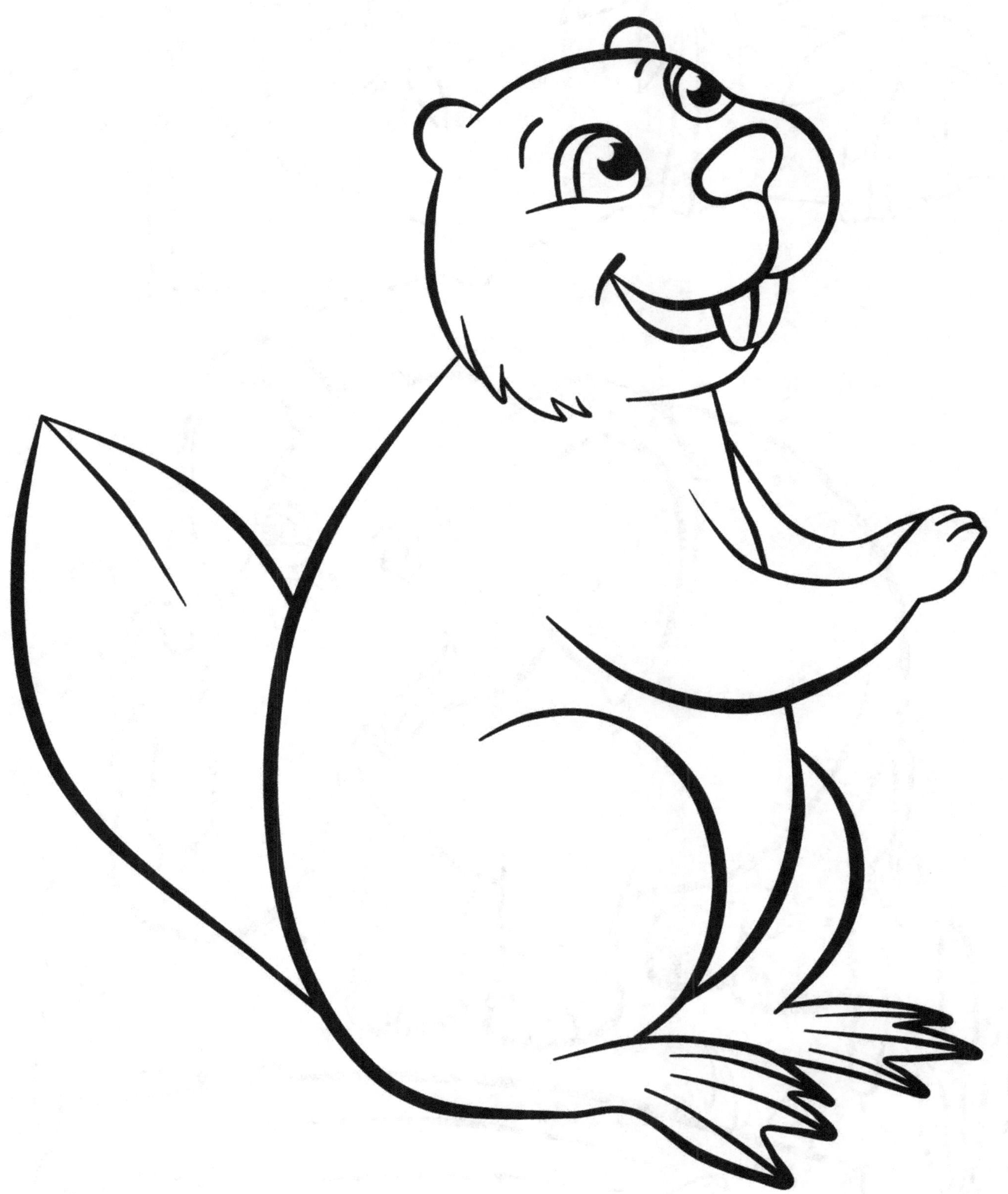

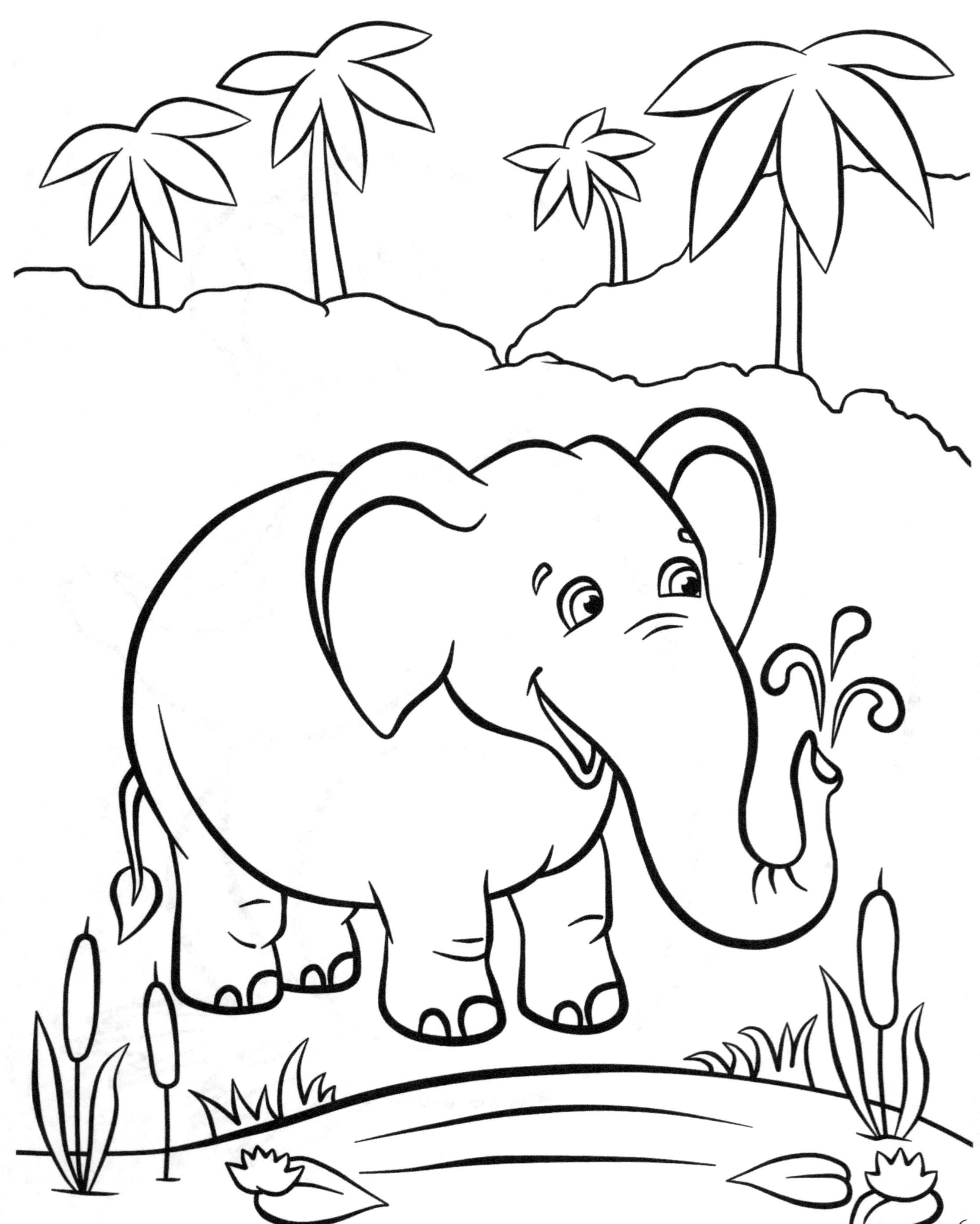

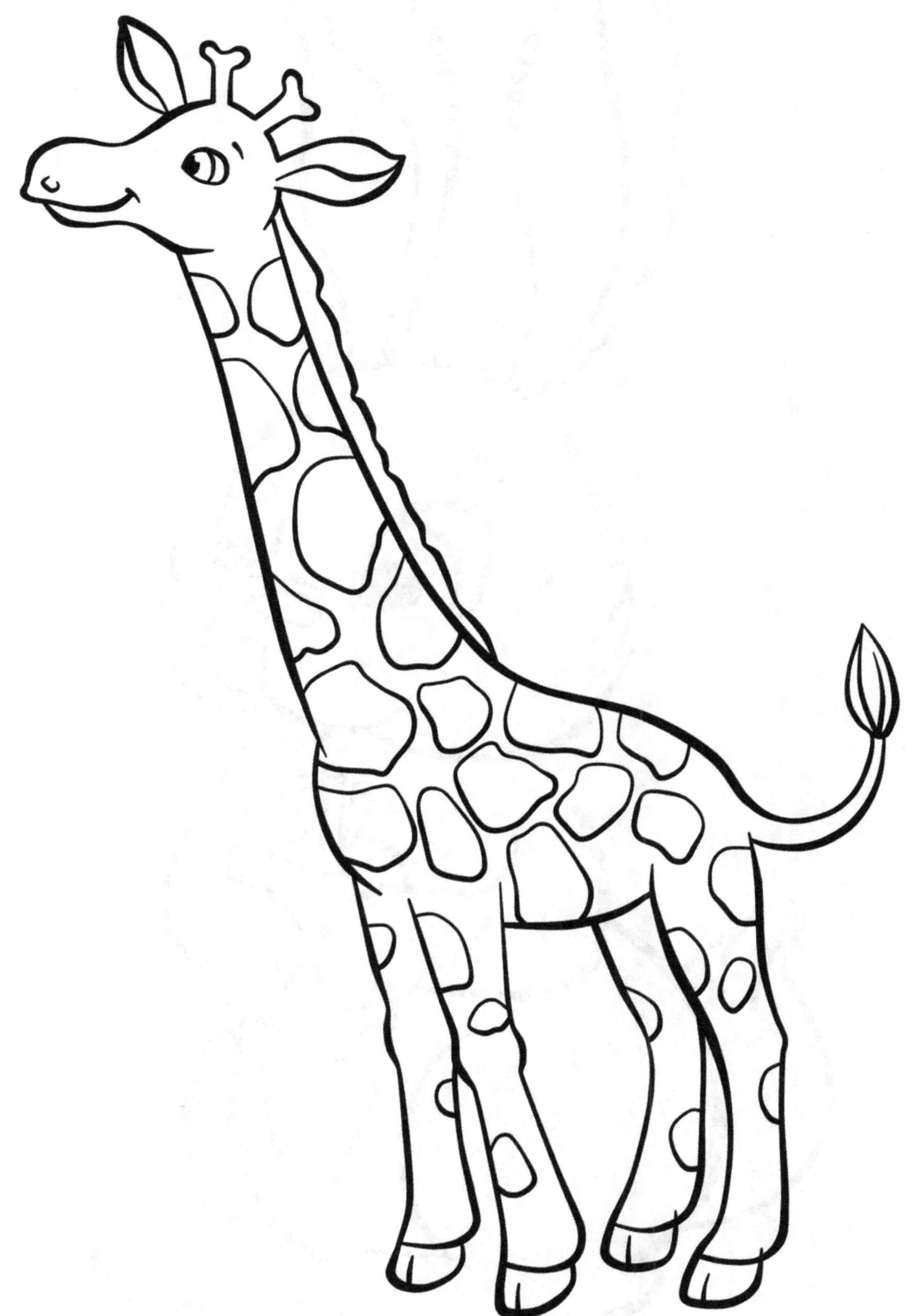

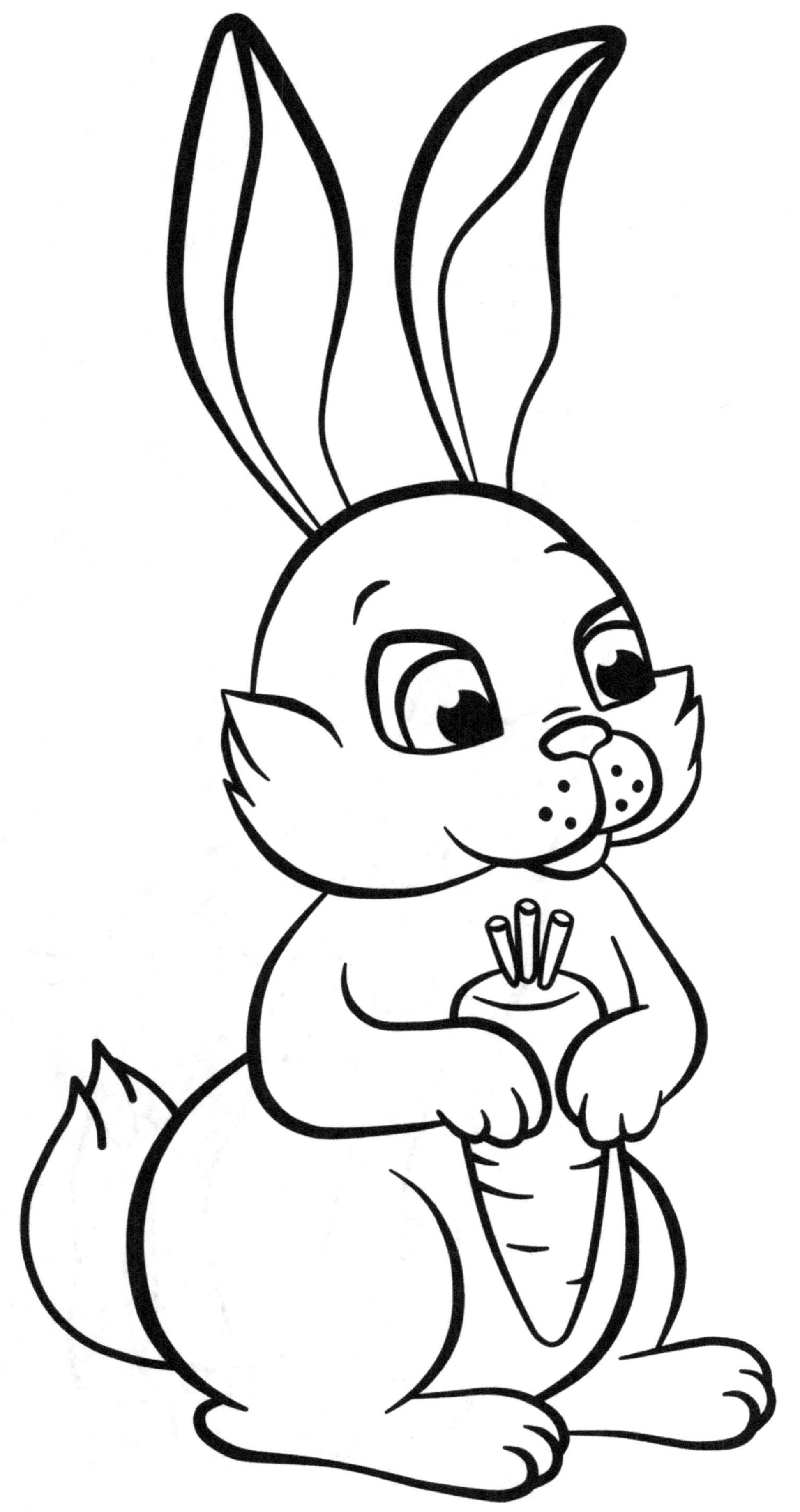

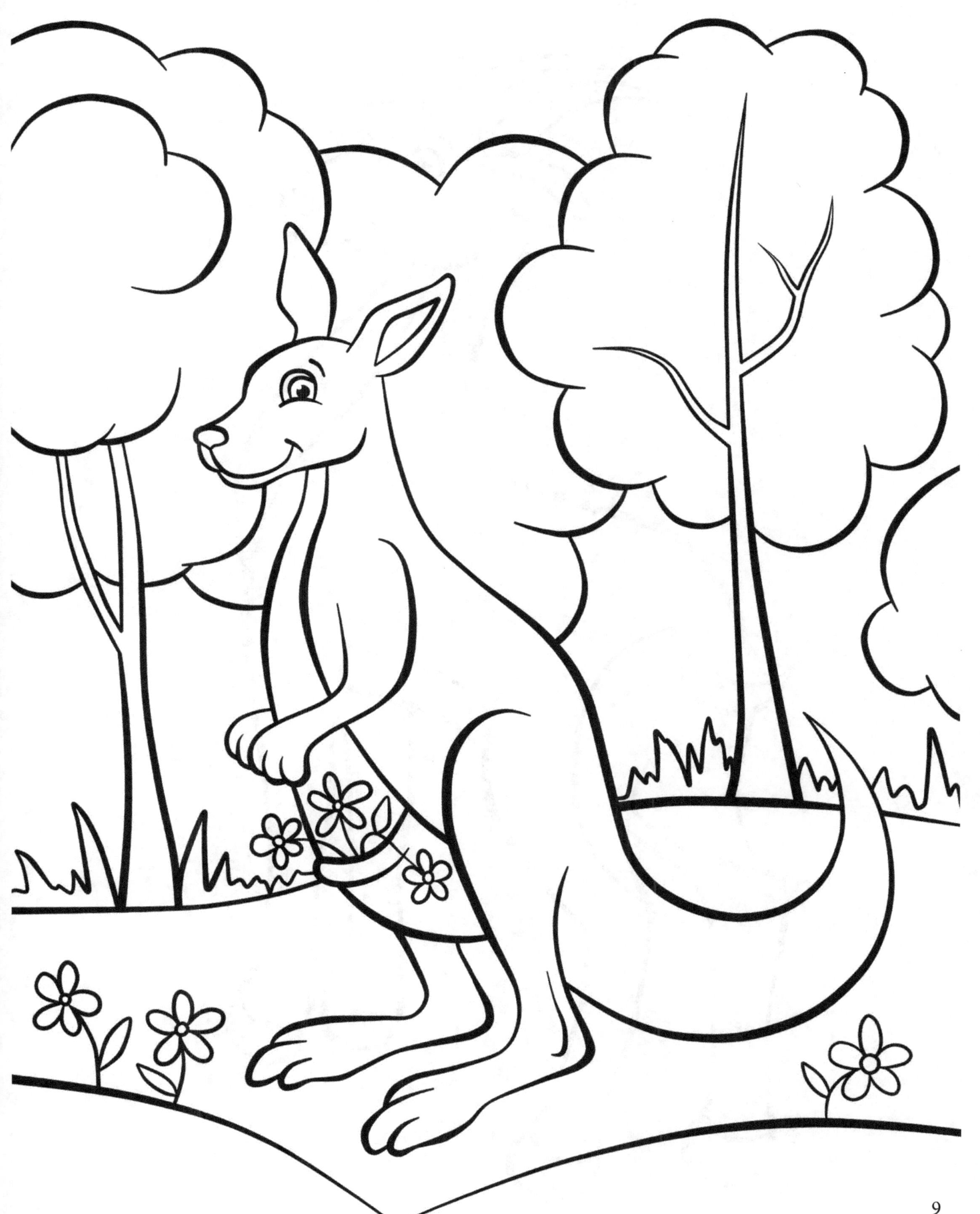

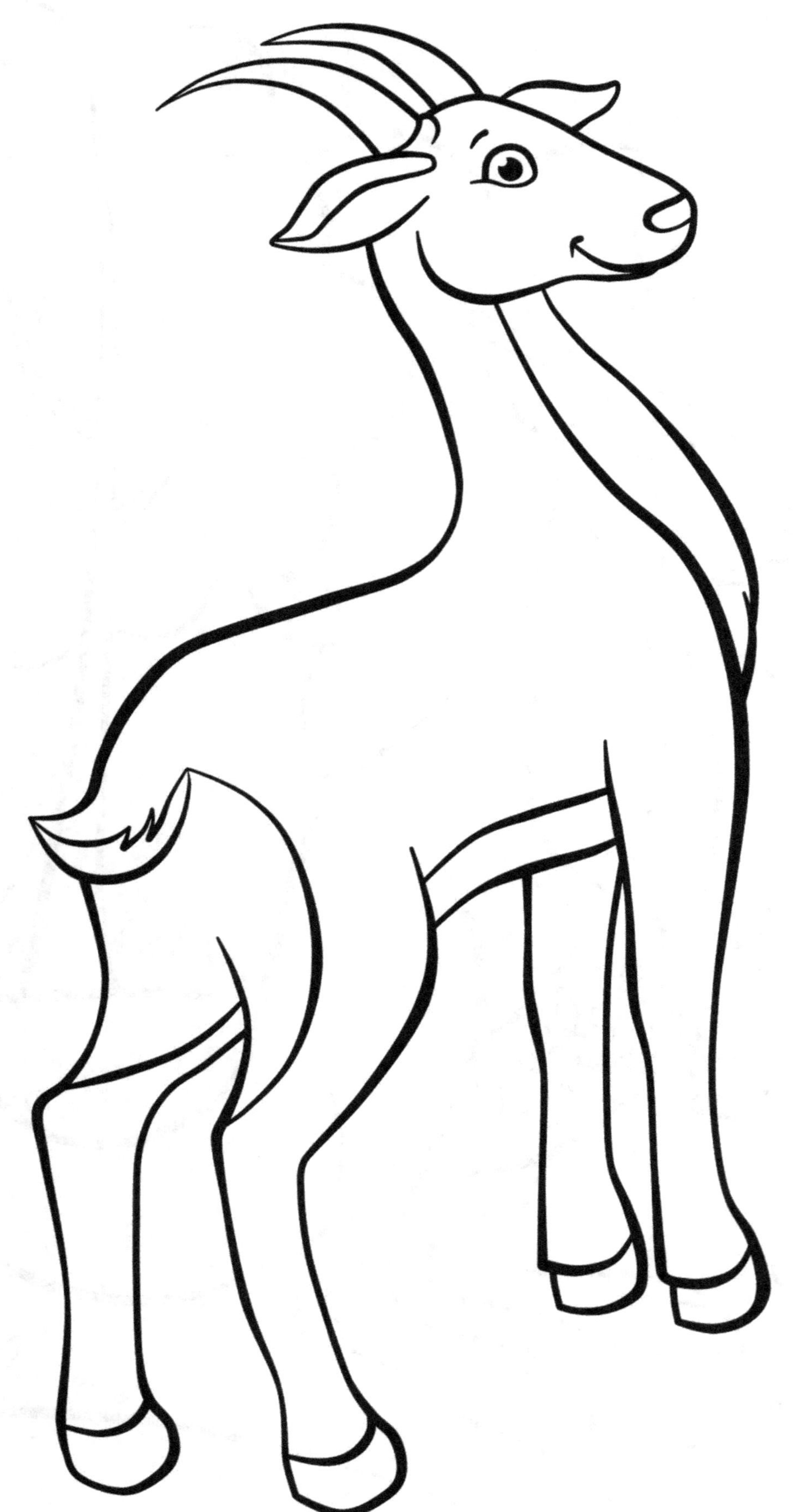

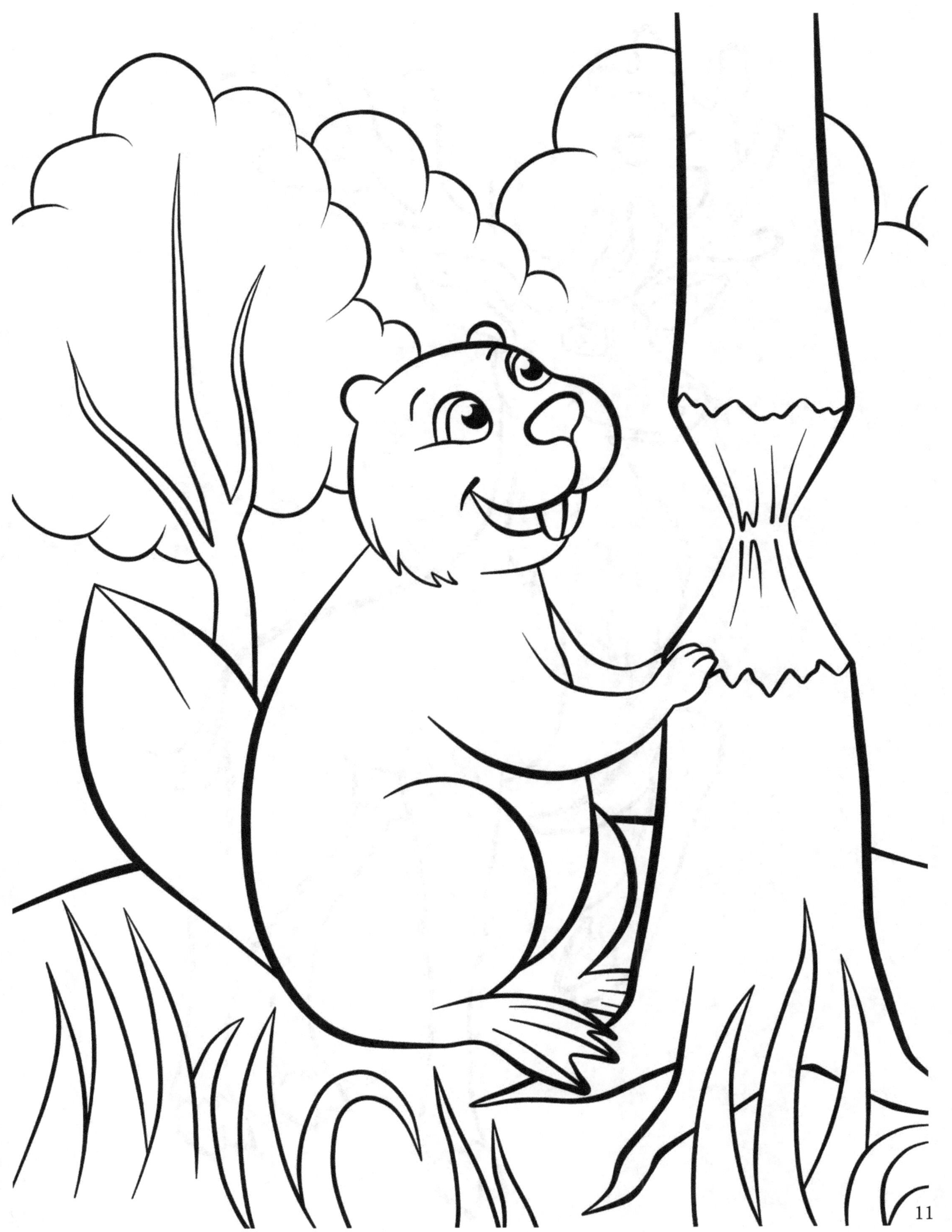

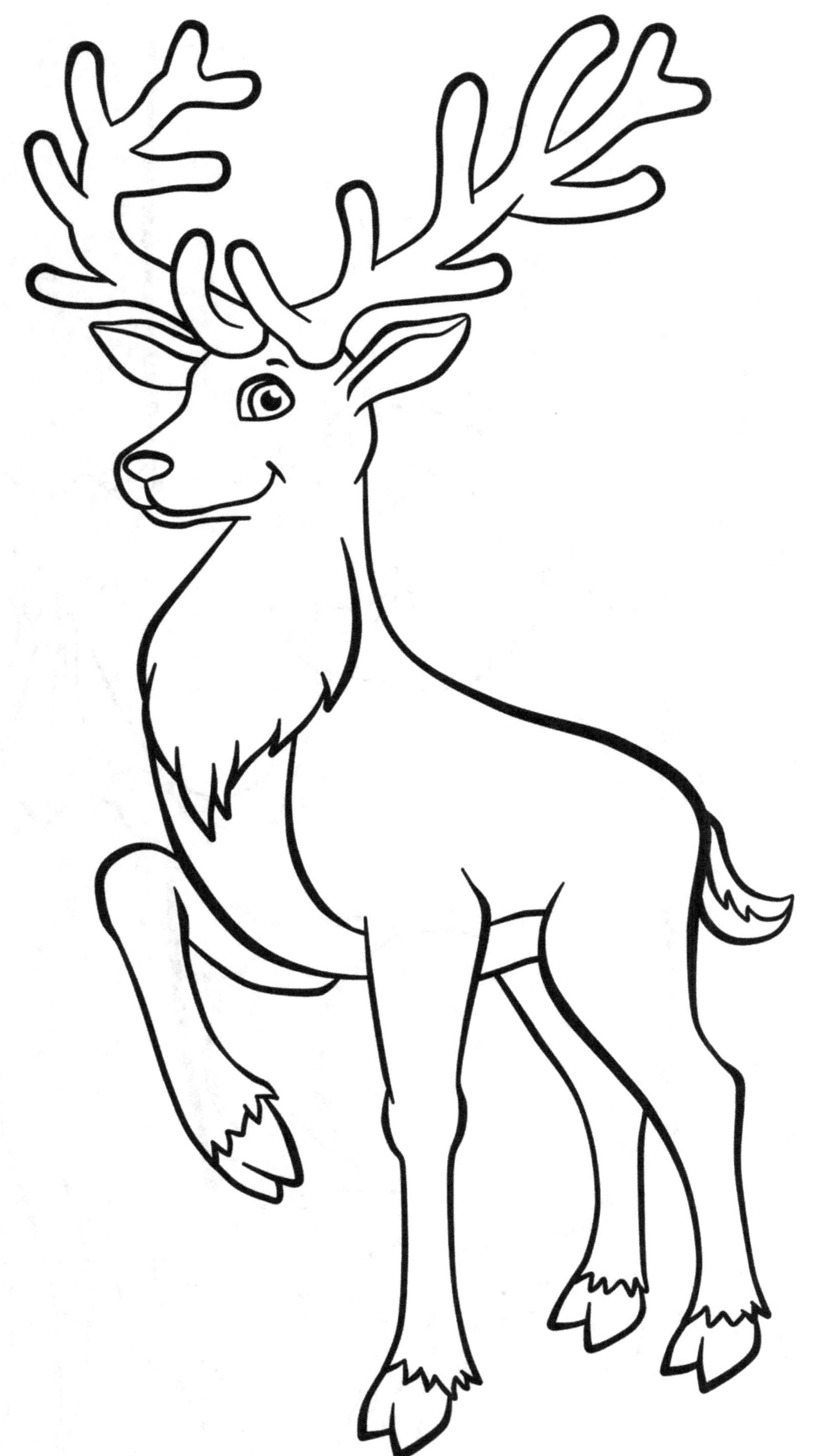

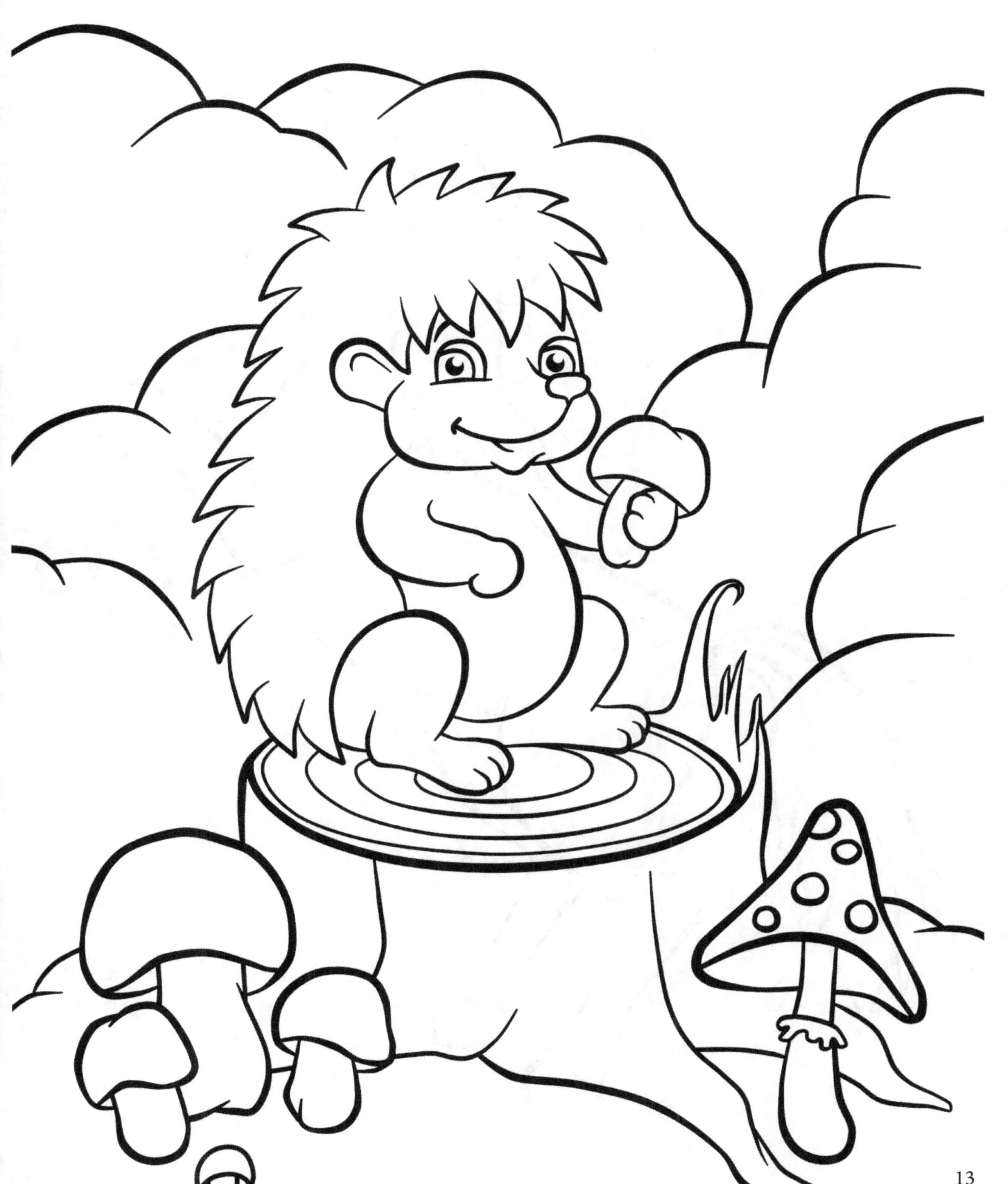

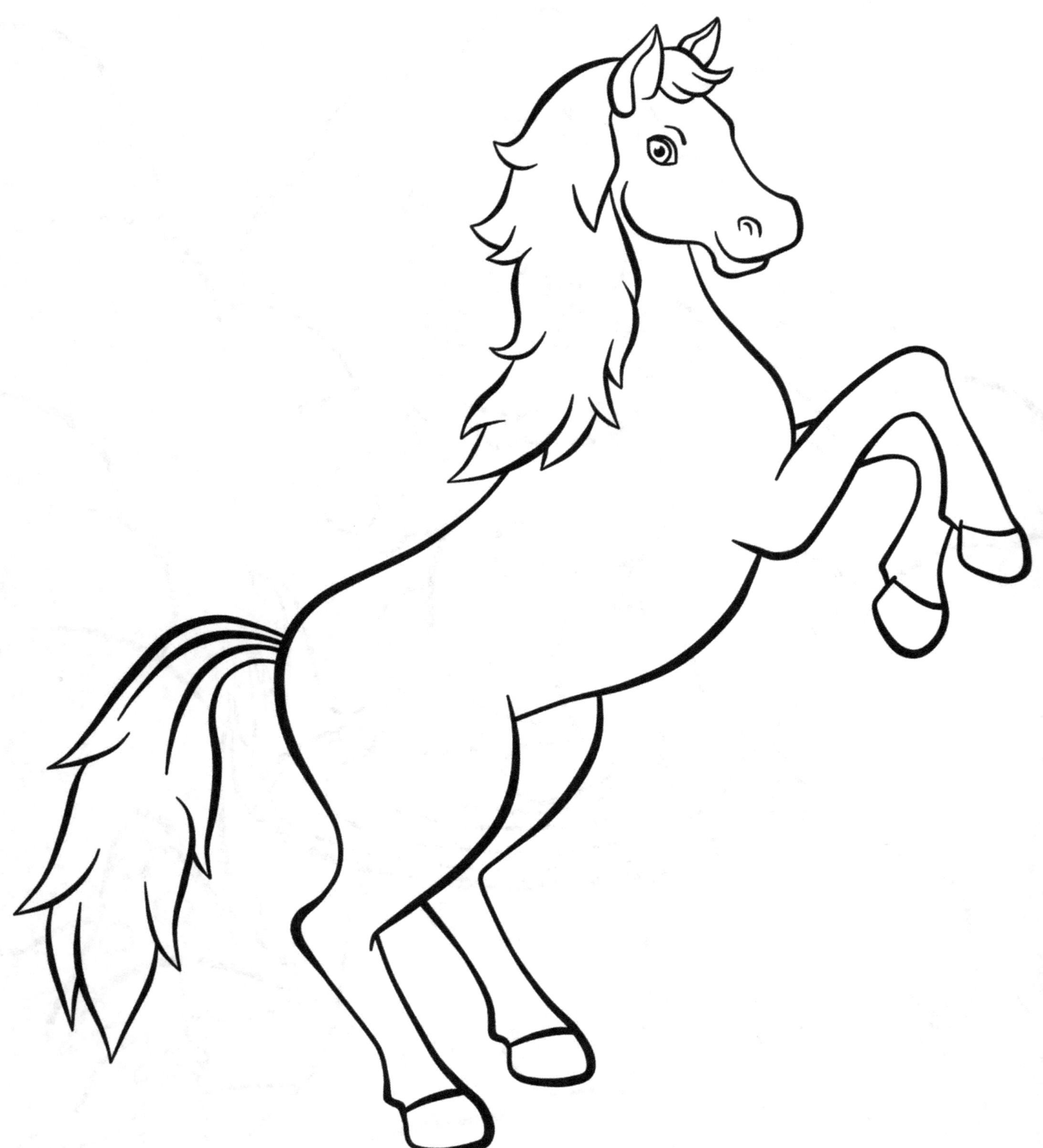

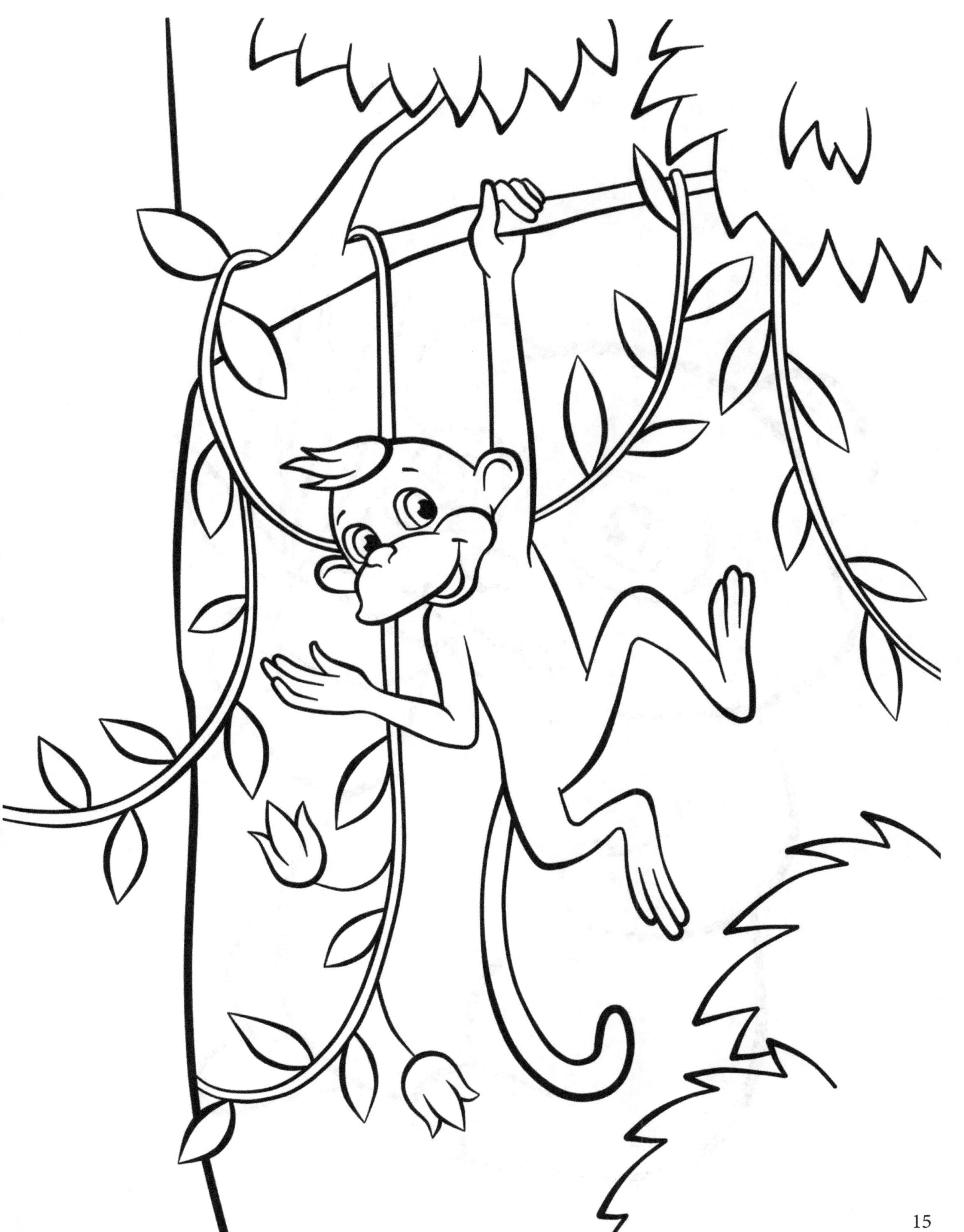

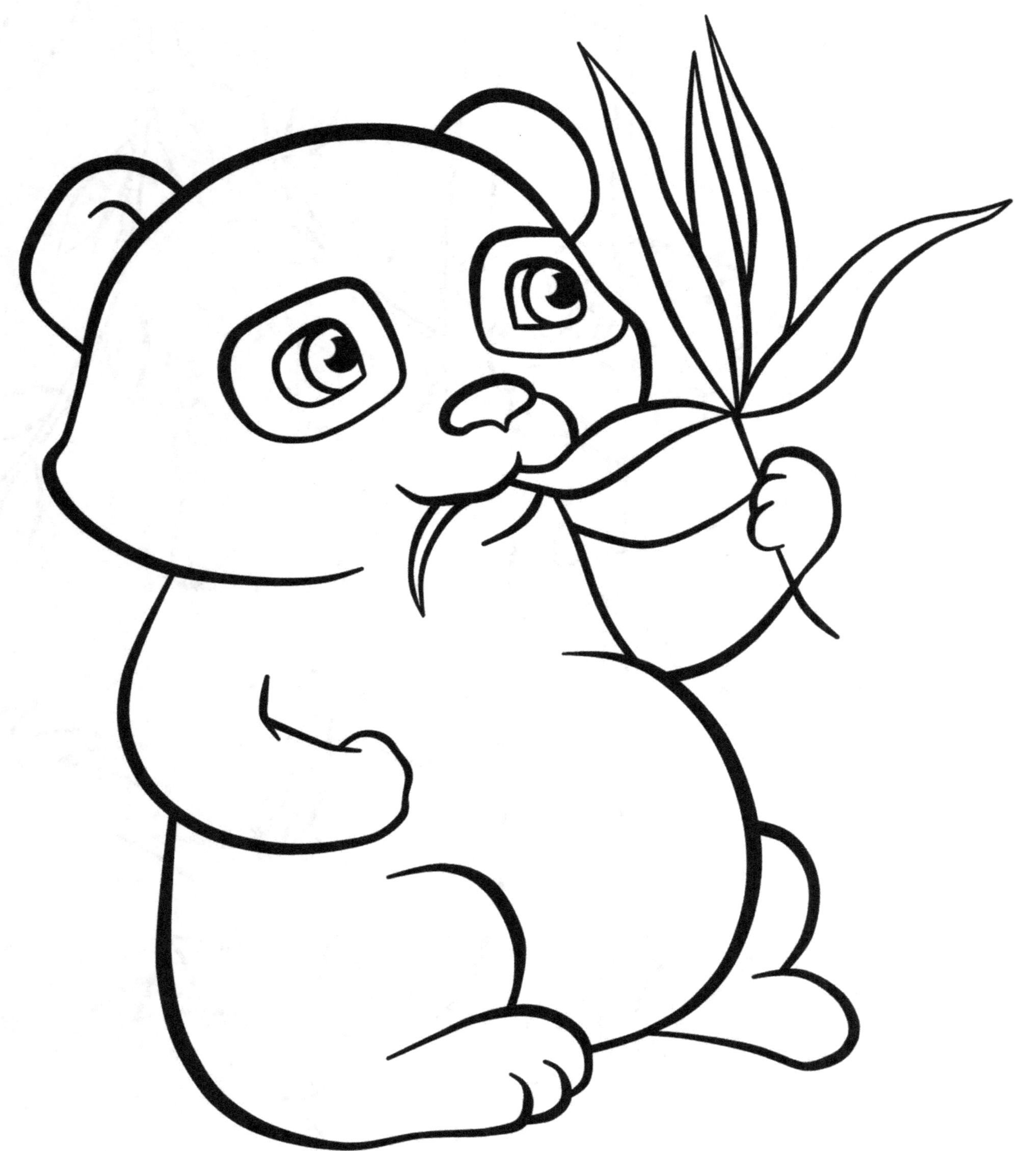

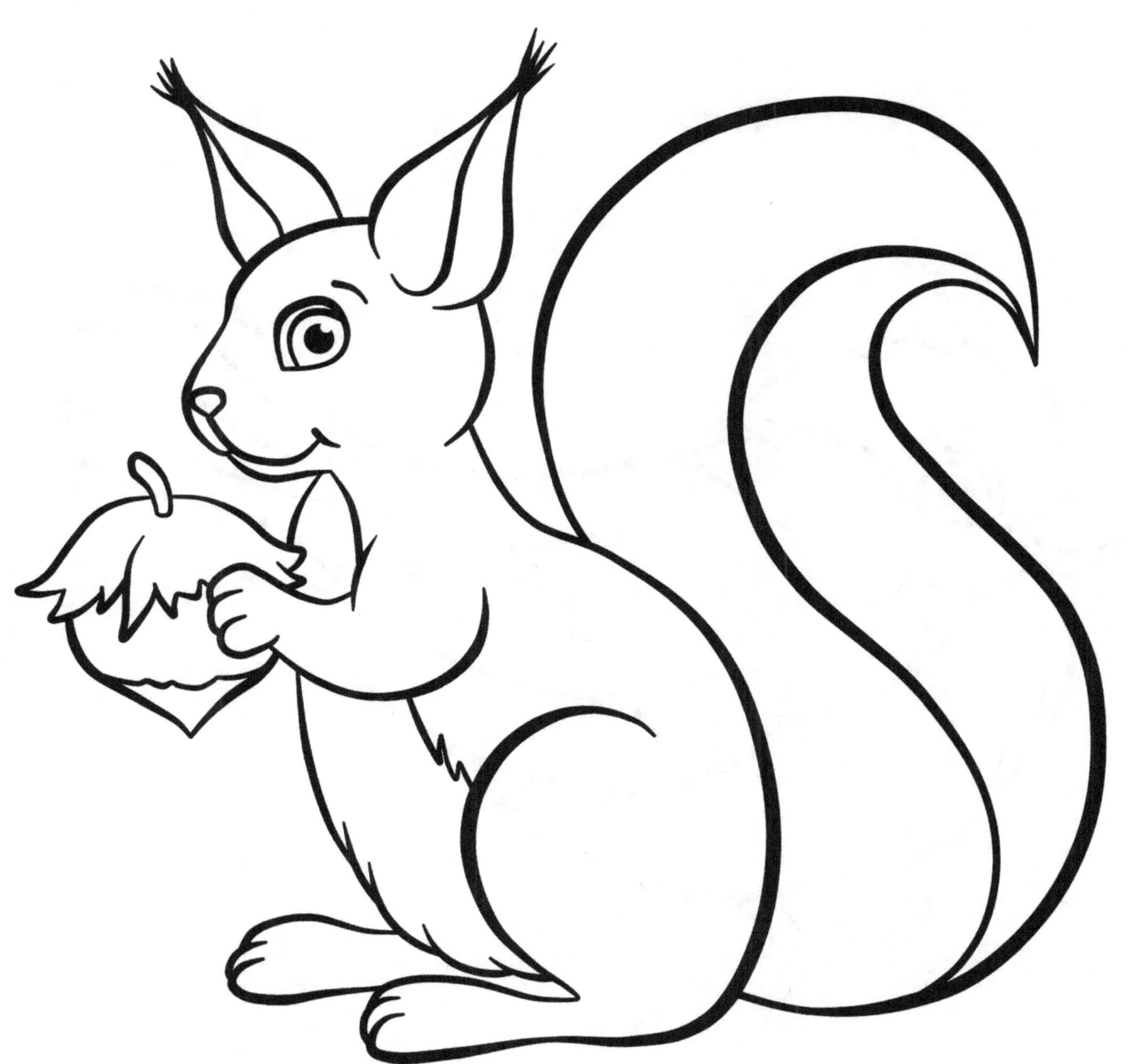

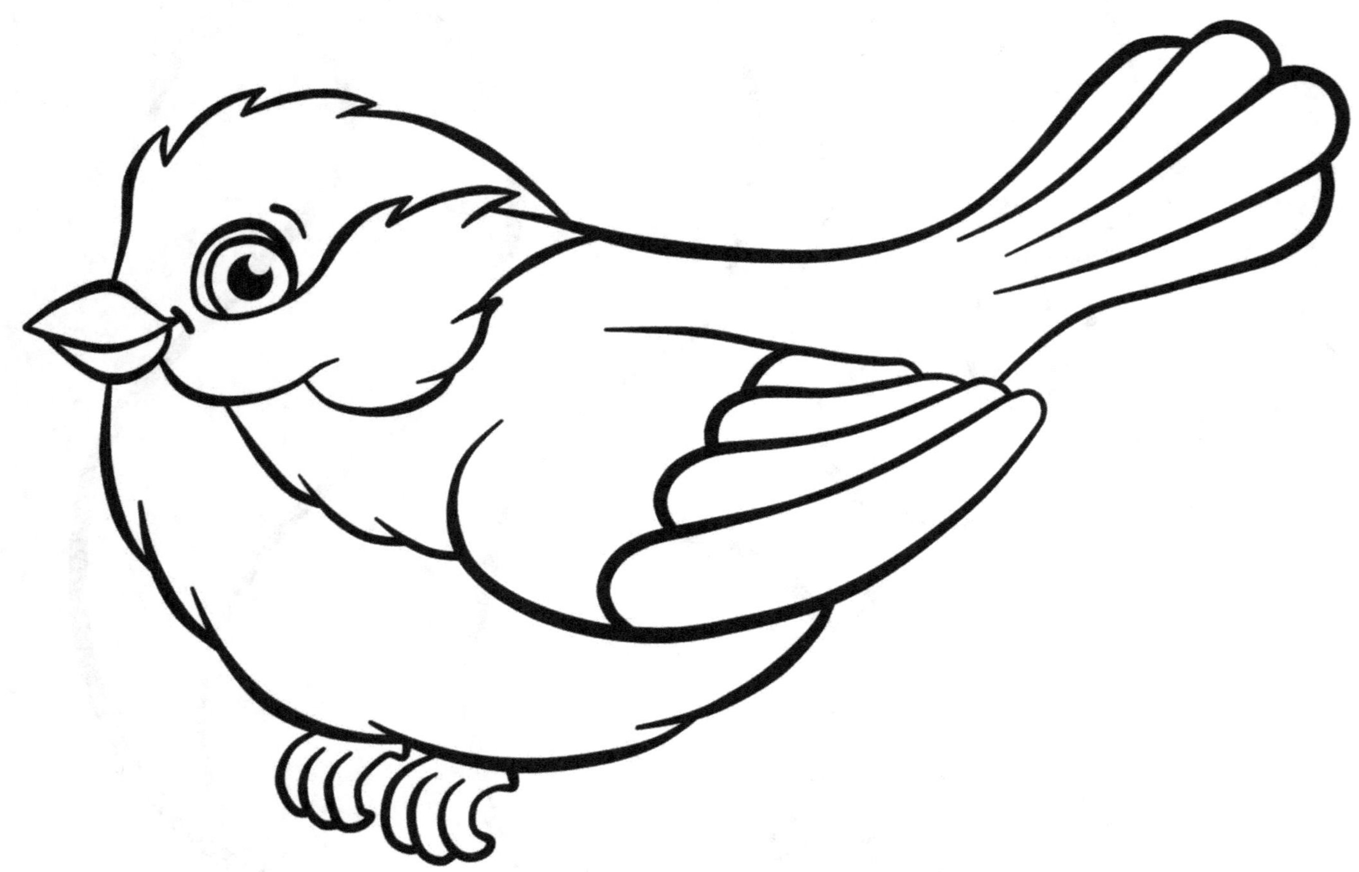

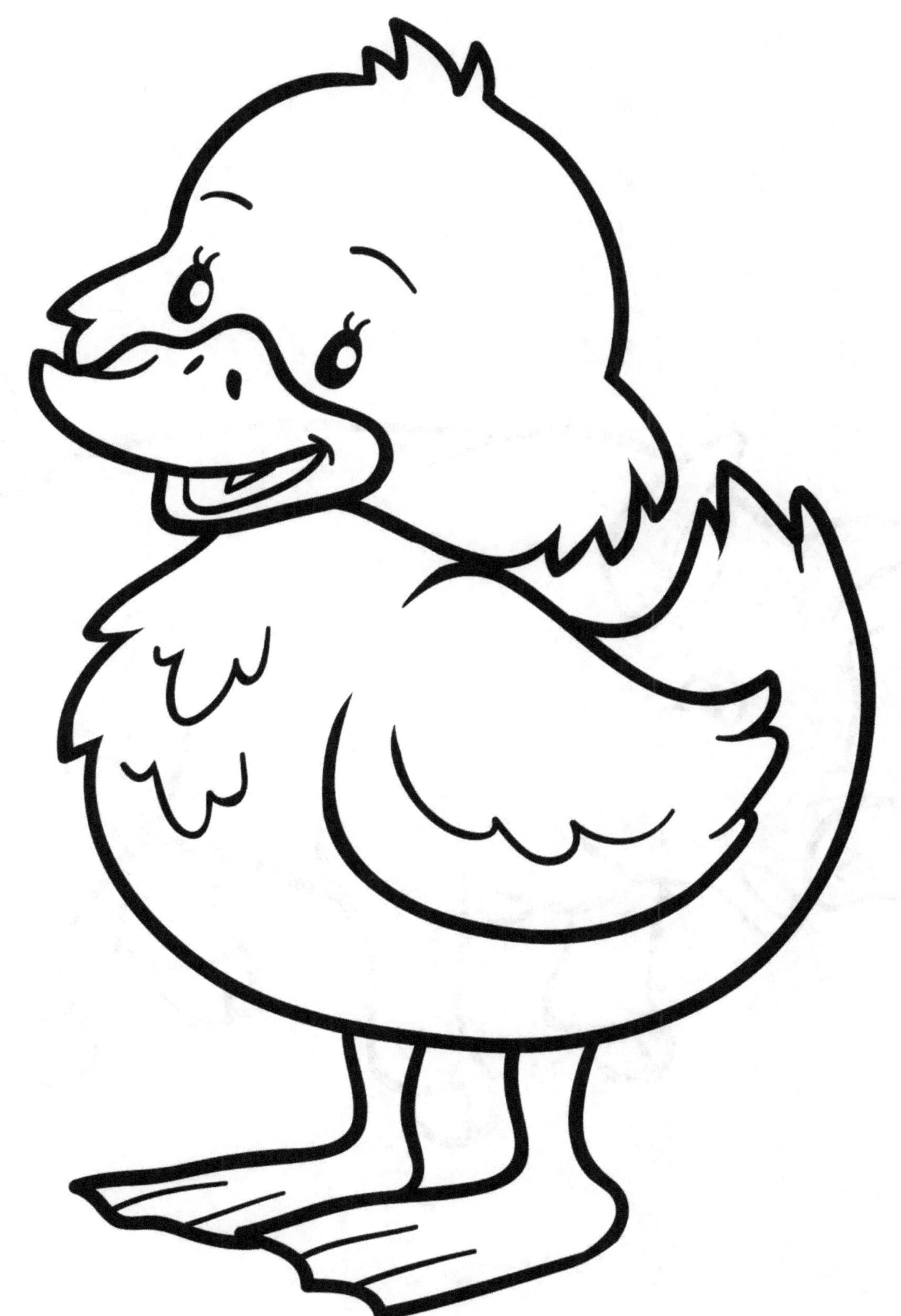

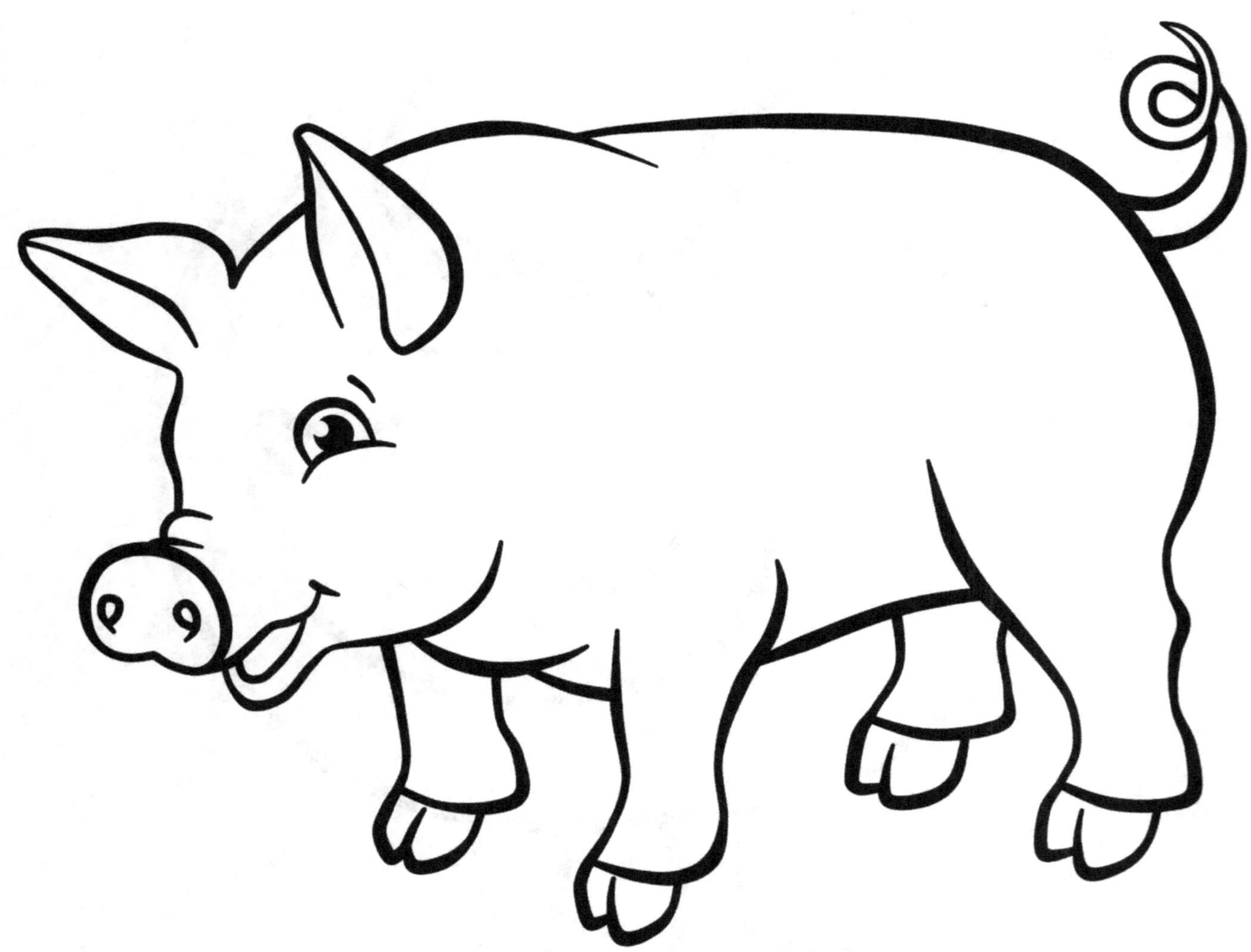

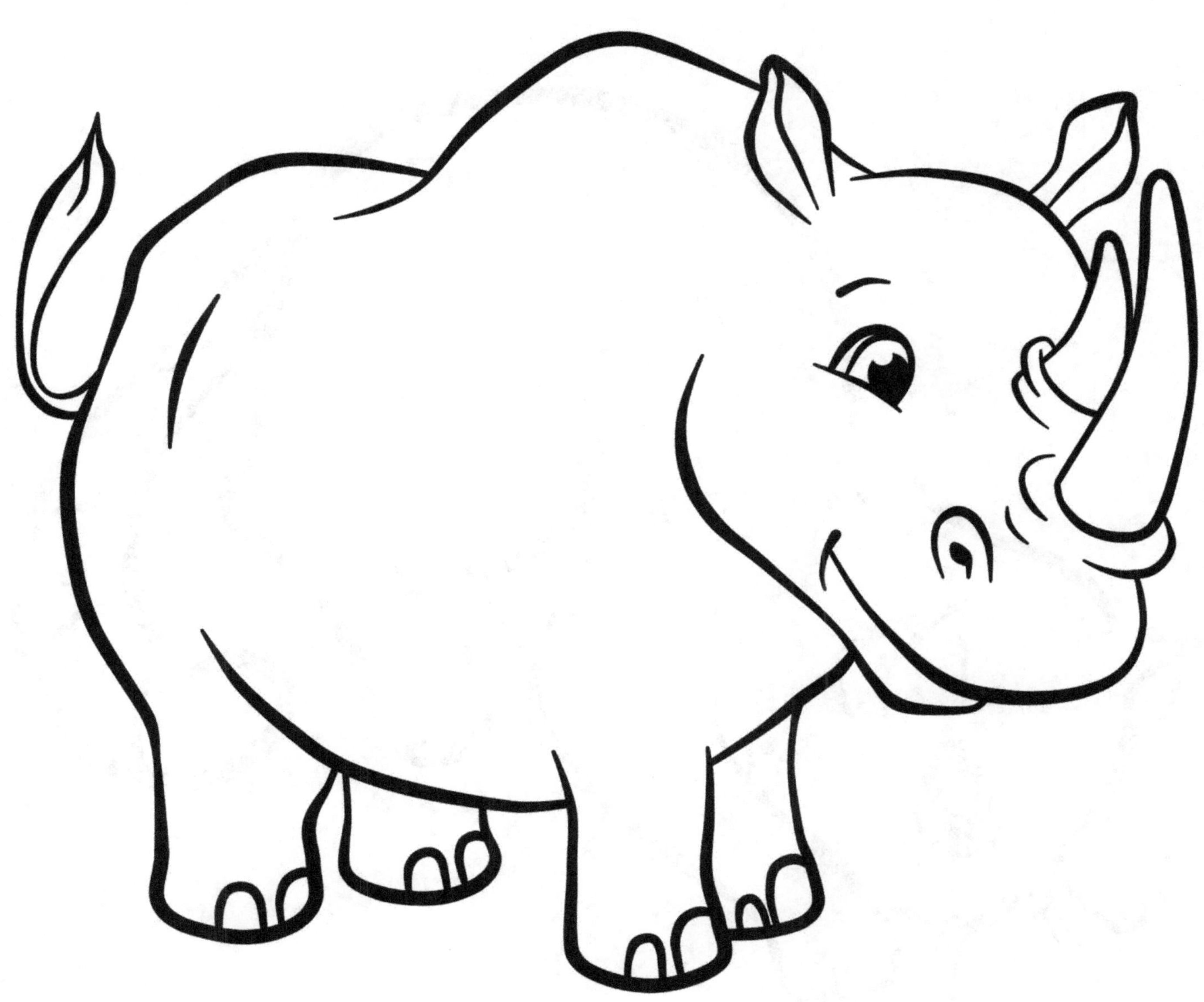

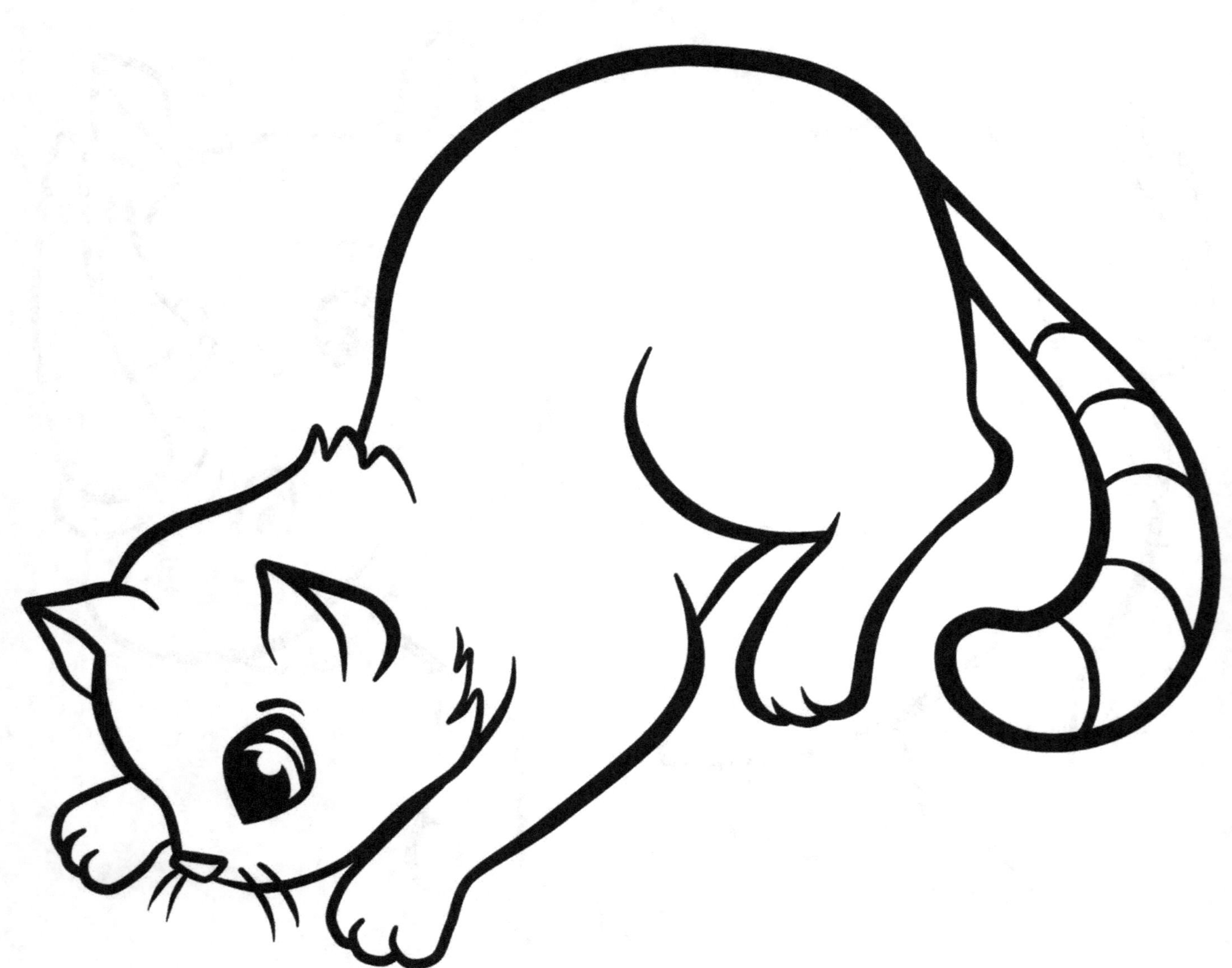

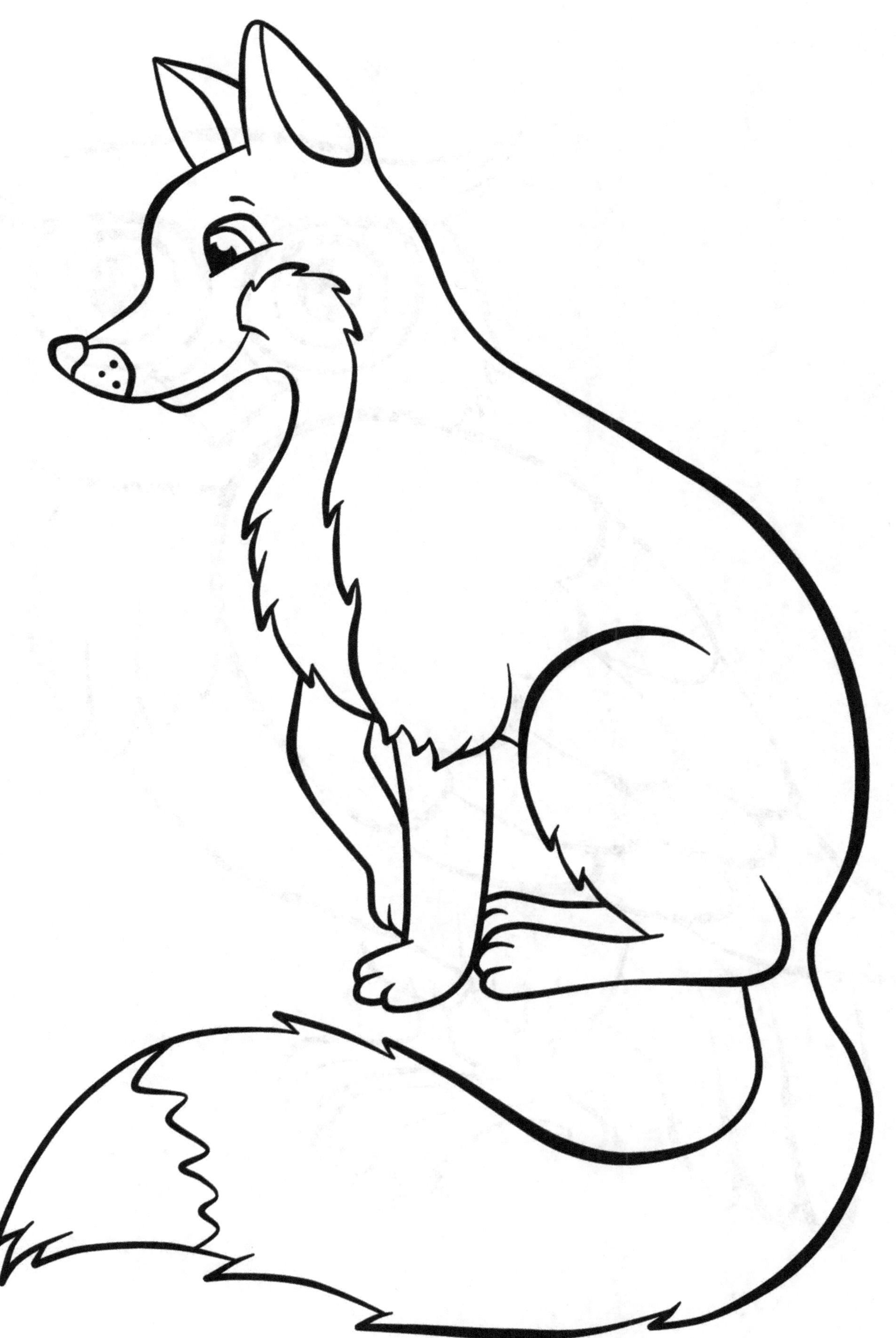

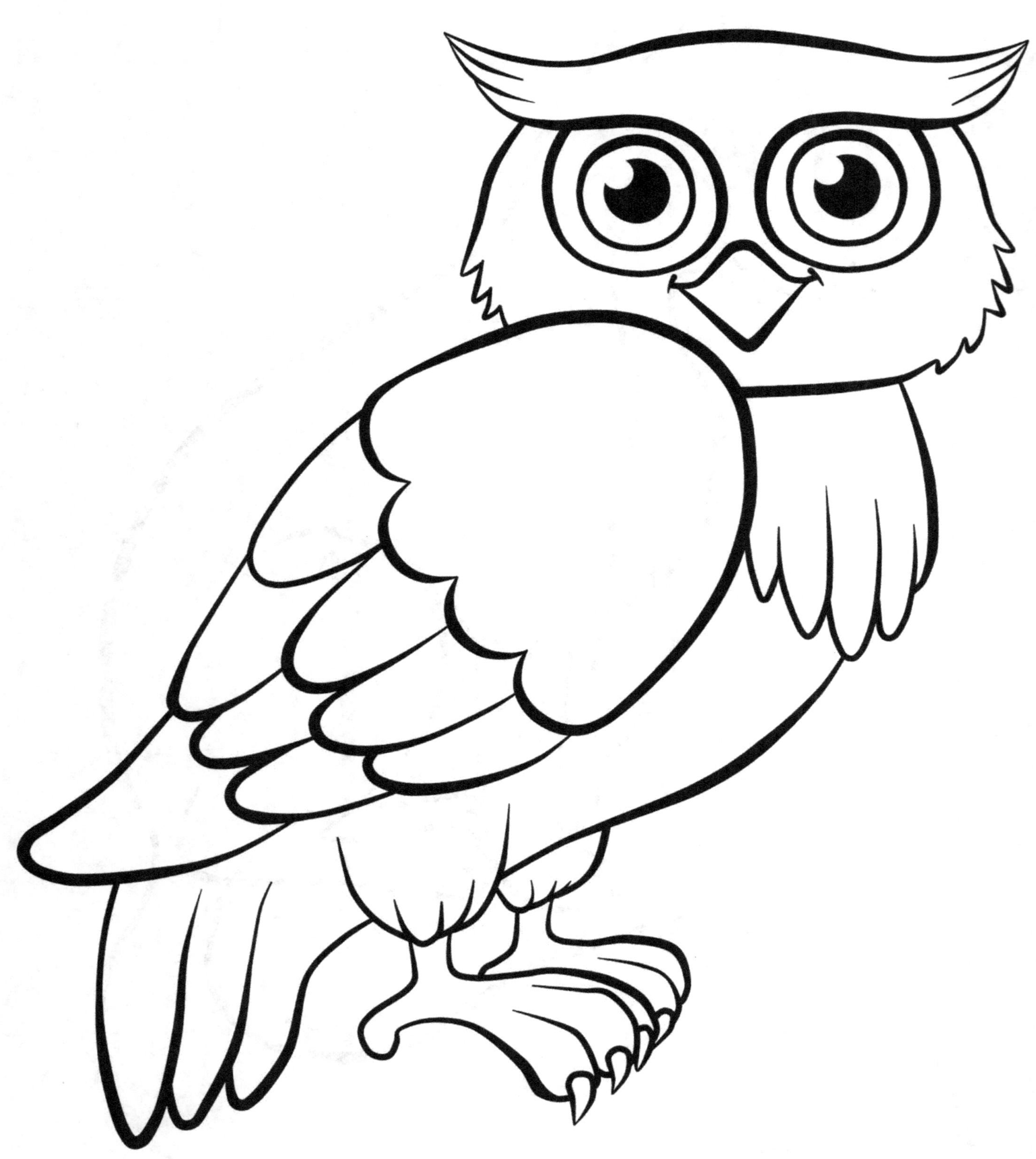

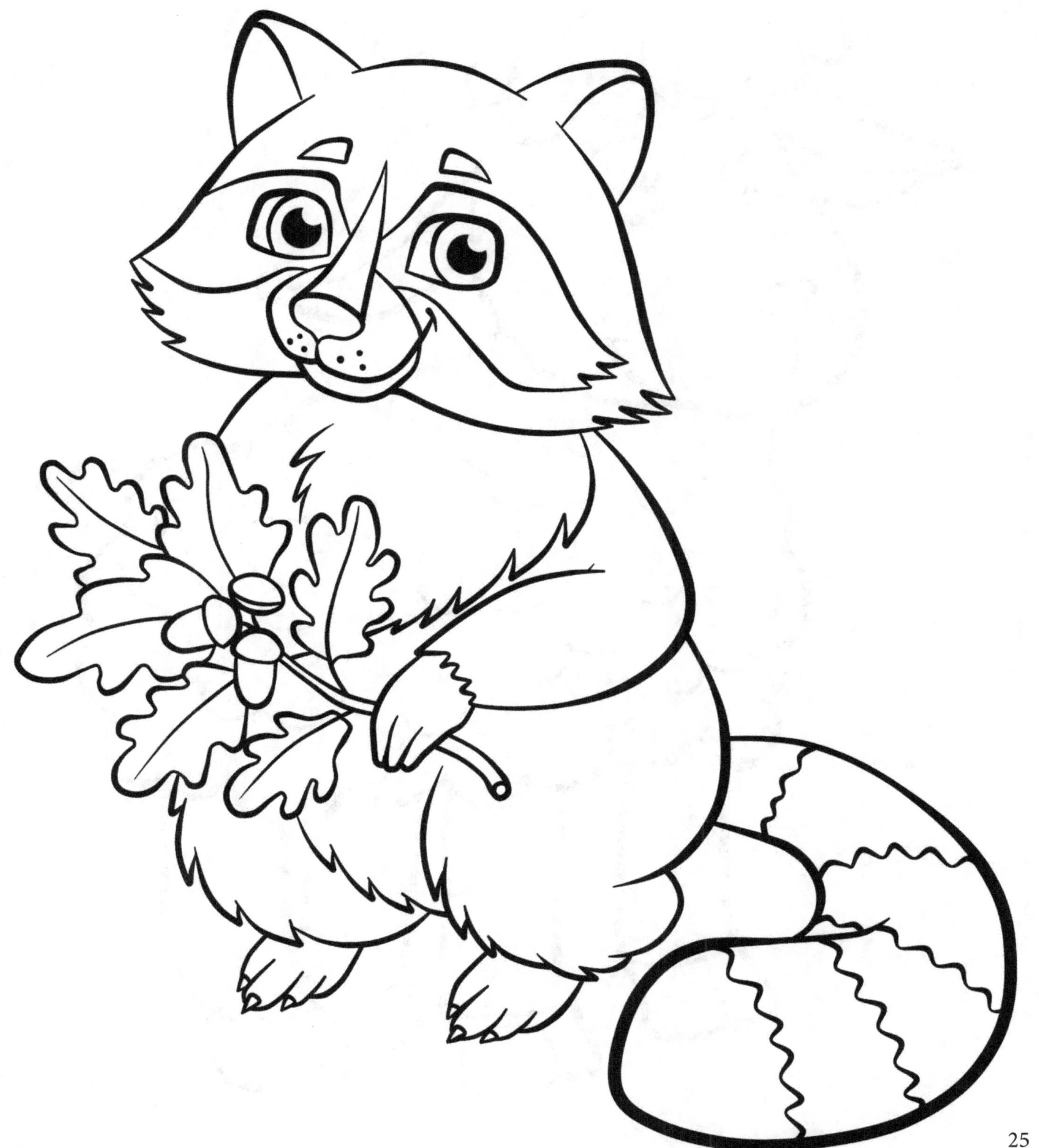

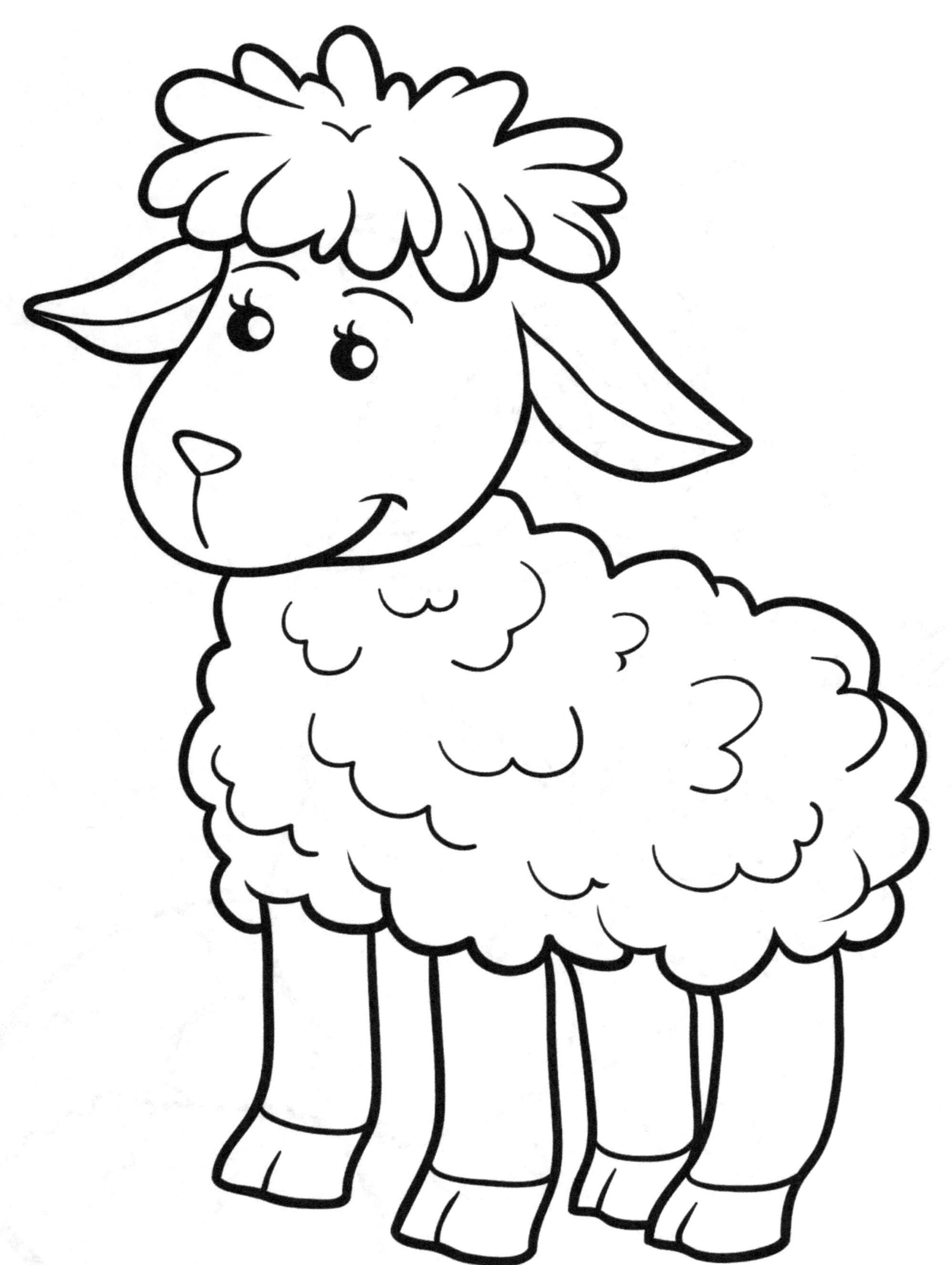

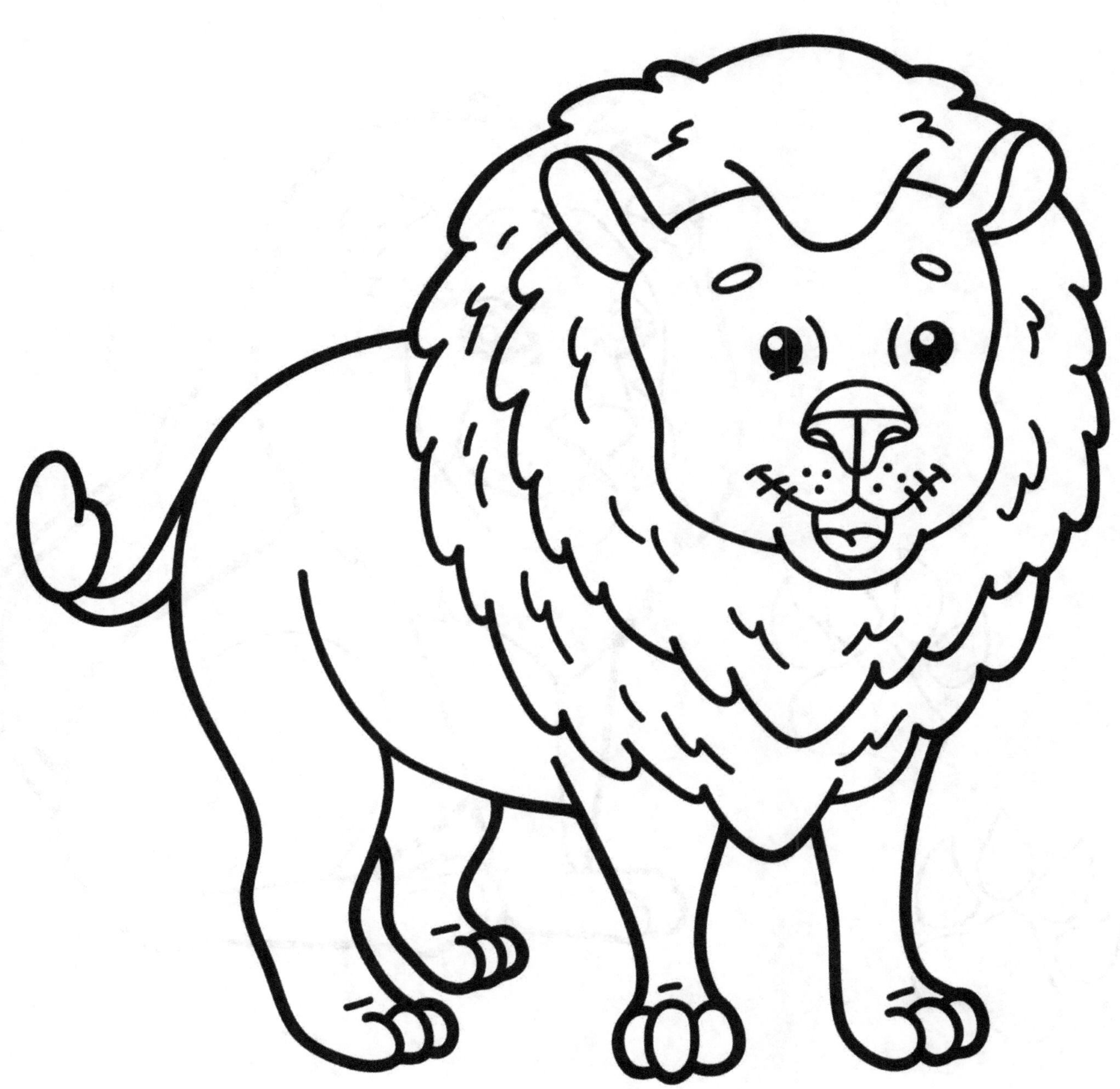

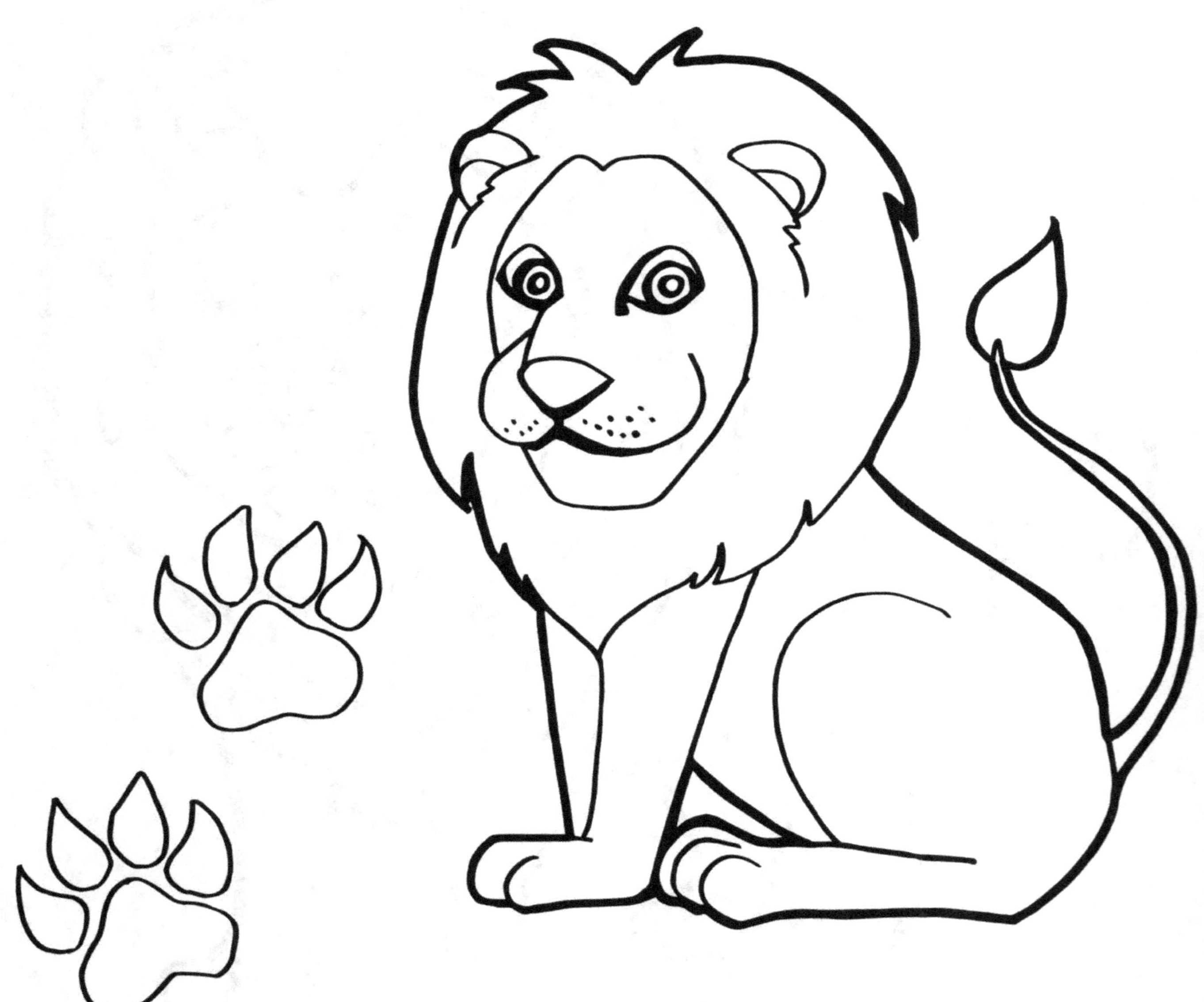

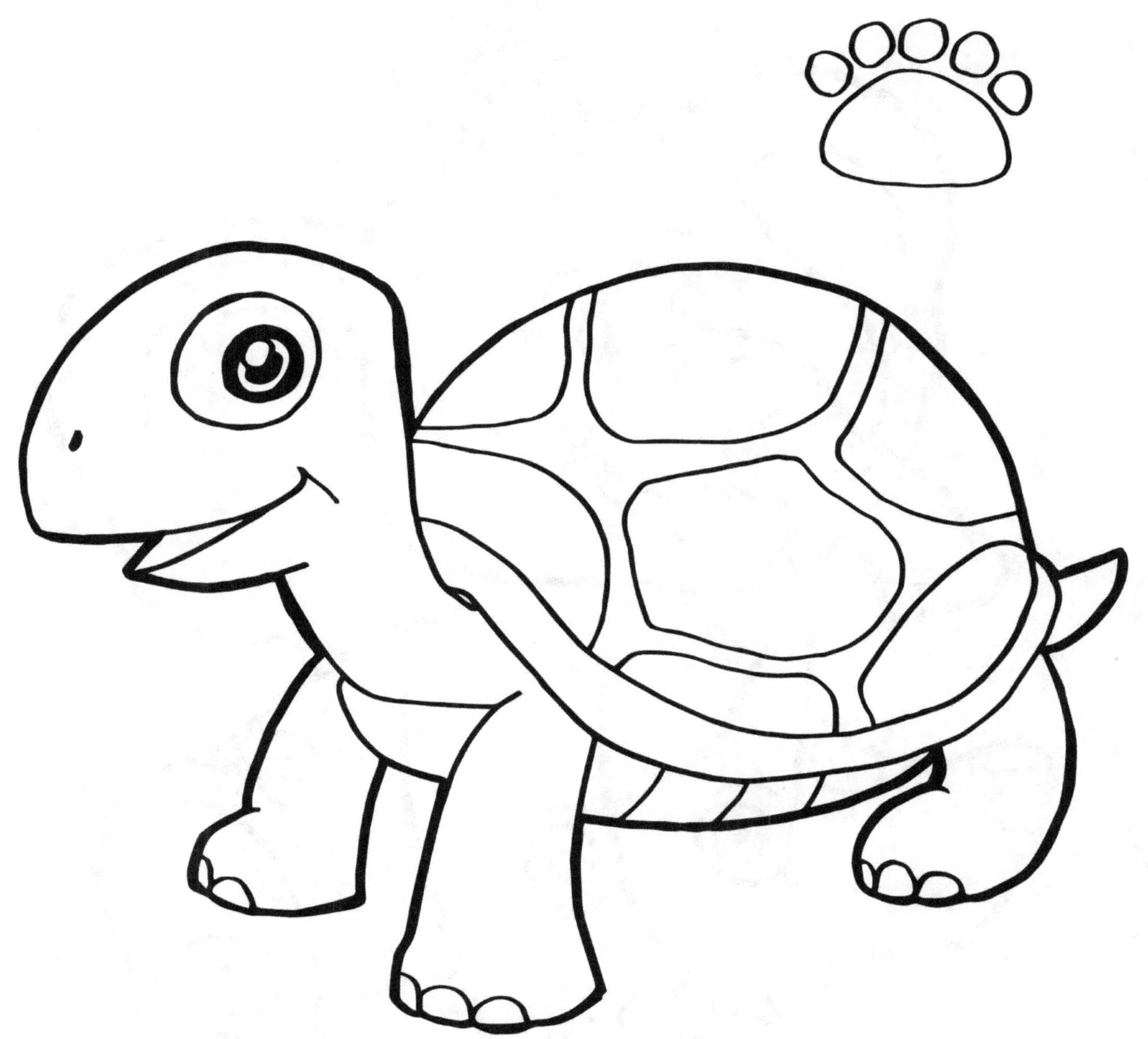

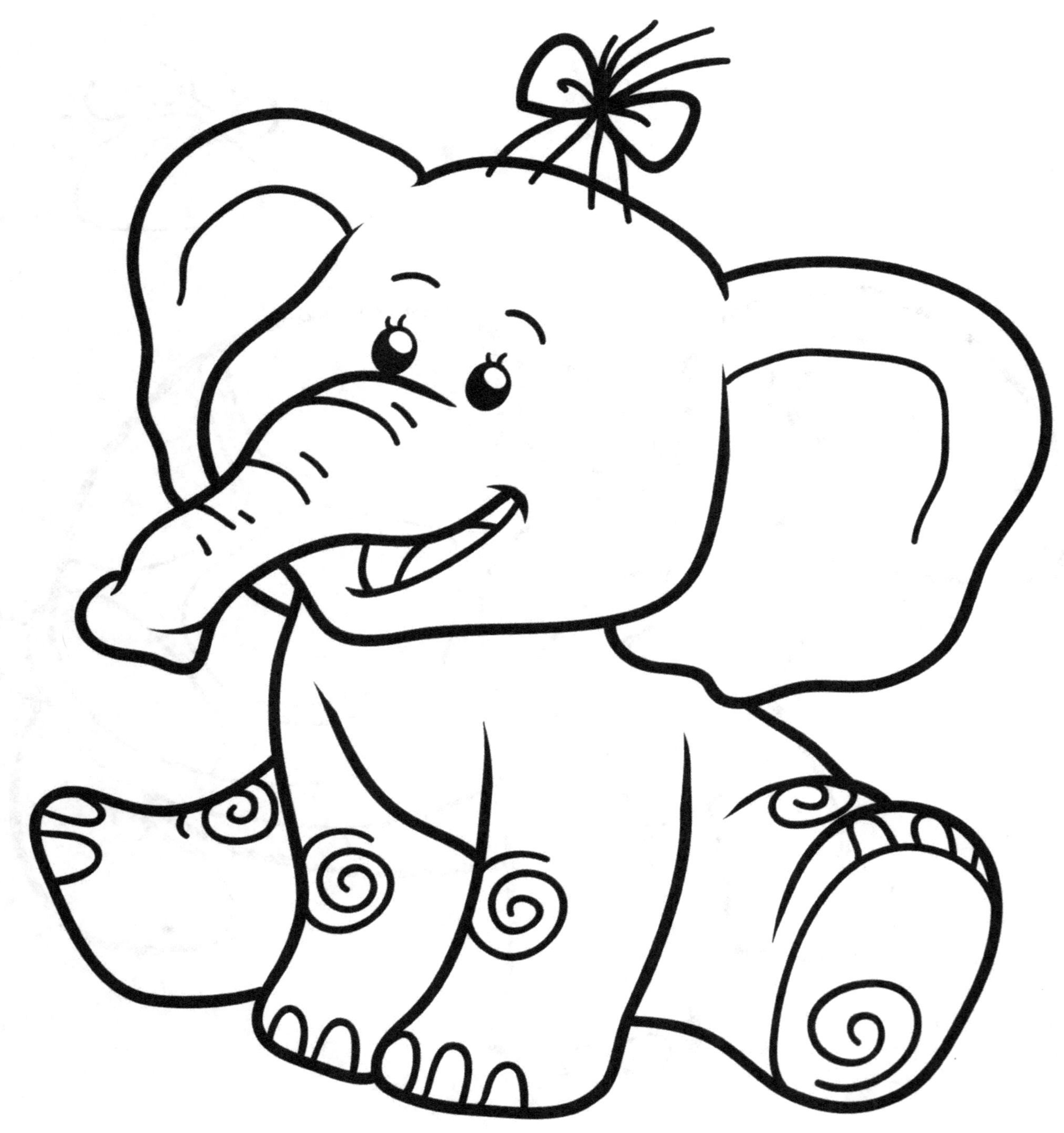

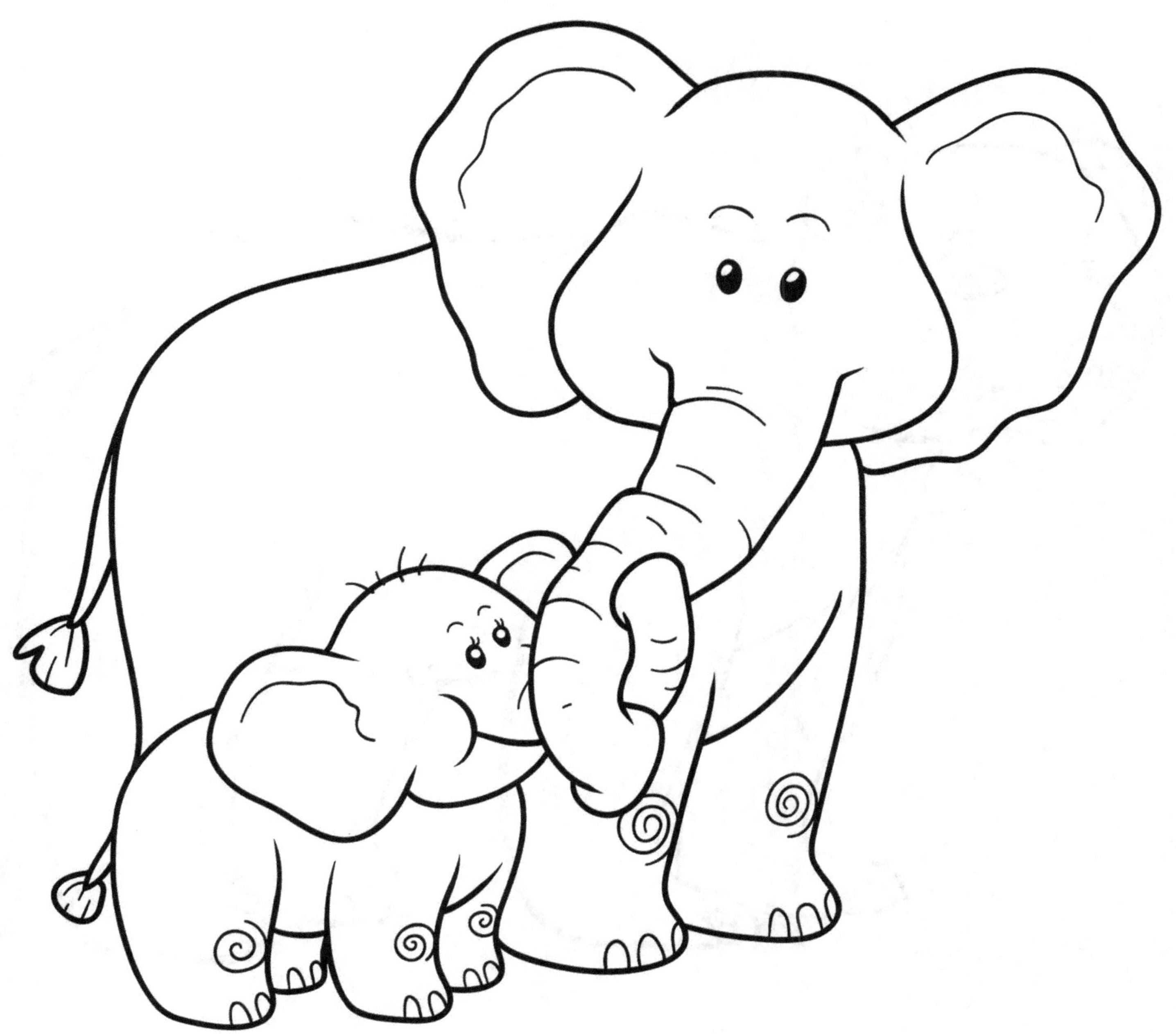

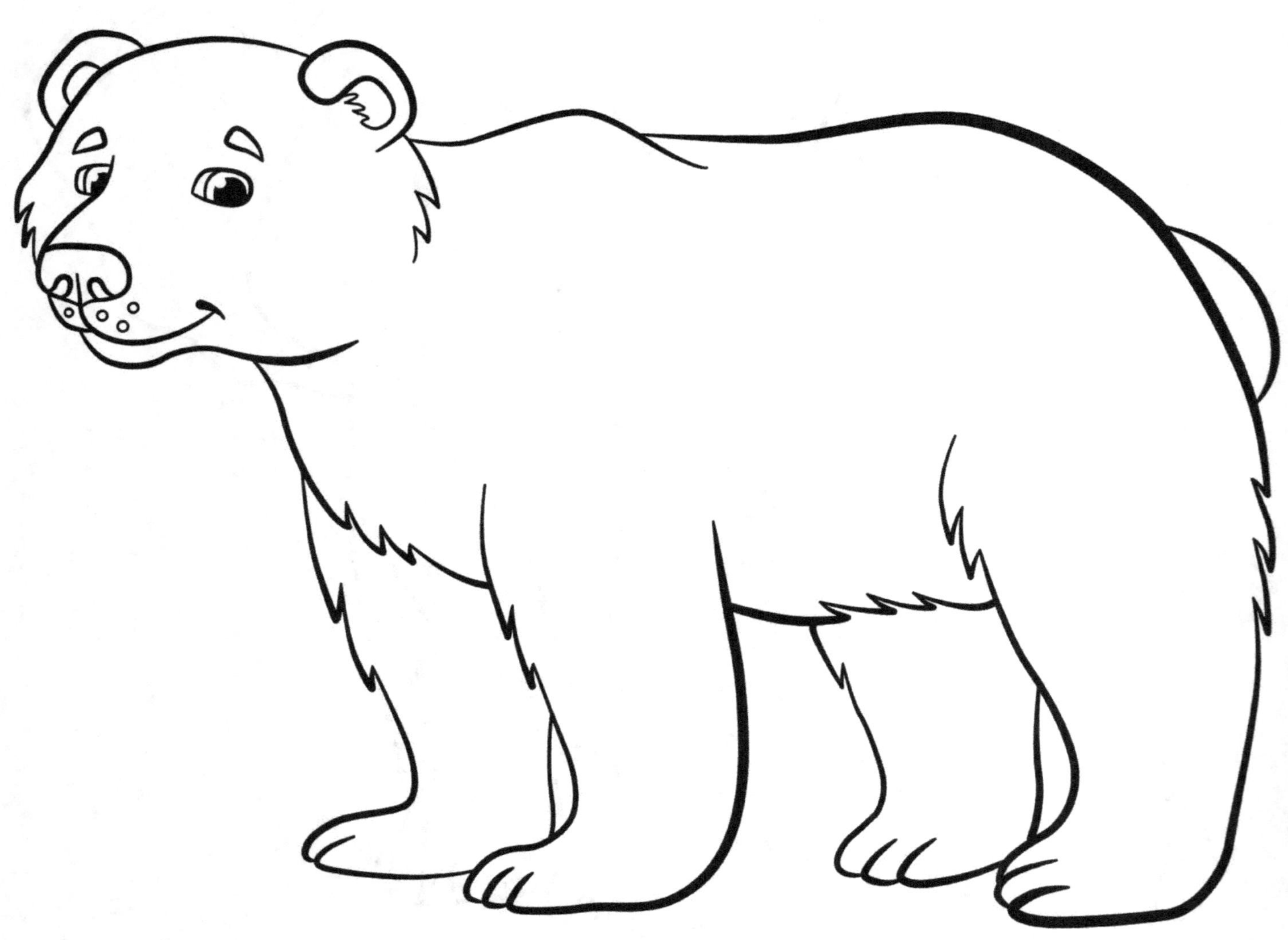

www.ingramcontent.com/pod-product-compliance
Lightning Source LLC
Chambersburg PA
CBHW080316030726
47593CB00009B/2767